霊能動物館

加門七海

集英社文庫

霊能動物館

目次

霊能動物館

エントランス

私達は自然の中にいる。

緑豊かな田舎はもちろん、大都会の中であっても、太陽が輝き、風が吹き、雨が降って虹が出るなら、それは人知の及ばない、確かな自然の働きだ。

そういったものにただならぬ思いを抱いたとき、我々はそこに神を、あるいは妖怪や精霊の姿を見出《みいだ》す。

天候もそう。海や山、川もそう。そして、そこに生きる植物や動物達も同様だ。

彼ら動物達は創世神話の立役者となったり、崇高なガーディアンになったり、悪魔の化身や地獄の卒になったりと、八面六臂《ろっぴ》の活躍をしている。

動物に神秘を感じない民族は、地球上にはいないかも……。

そんなふうに思えるほどだ。

もっとも、山や海が以前より遠くなってしまった現代、日常生活の中で、その感覚を保つことは難しい。

しかし、人工物しか目に入らない都会でも、路地を覗《のぞ》けば、石の狐《きつね》さんが前垂れを掛け、切れ長の目でこちらを見ている。

普通の神社でも、私達がまず出会うのは狛犬《こまいぬ》だ。手水舎《ちょうずや》では竜や亀がその口から水を出し、拝殿を見上げれば、またまた竜や唐獅子《からじし》、鶴亀など、多様な生き物の造形がある。

お寺でも、それは同様だ。

動物達は仏様の側《そば》に寄り添い、乗り物になり、御厨子《みずし》を飾る。そこに紛れる人の形をしたものは、天女や仙人という超越的な存在であり、どんなに偉くて著名でも、普通の人間は描かれない。

つまり、動物達は普通の人より神仏に近いということだ。

――なんで？

おかしくはないか？

人間は万物の霊長で、ほとんどの動物は人が捕らえたり、売買したり、様々な目的で命を奪って利用する、ちっぽけなもののはずなのに。

もちろん、最近は動物達への意識も大分変わってきて、ペットと呼ばれる存在は共に生きるパートナーだし、野生動物の保護も熱心だ。

人と動物の命の価値がここに至って少しだけ縮まってきたといったところか。

しかし、それでも、日本における法律はまだまだ生き物の命を軽んじている。根本的に、私達は自分達よりも動物を低いものと捉えているのだ。

なのに——にも拘《かか》わらず、人は彼らに畏怖を覚える。神に近いものと見る。

「だって、社寺の造形は故事に基づいた慣例として用いられているだけでしょう。装飾とかに使われているから尊いというのは、ちょっと違うんじゃないのかな？」

そう言う人もいるだろう。

確かに動物に神を見るのも、家畜とするのも、人の眼差《まなざ》しの方向ひとつだ。

天神様の牛だって、我々は美味《おい》しくいただいている。

だが、本当にそれだけなのか。

彼らは神仏の尊さを表現するためのアイテムとして、添えられているだけなのだろうか。

どうも、そうは思えない。

少なくともこの私には、日本における彼らの魂、彼らと人との関係は、一筋縄ではいかない様相を呈しているように思えるのだが……。

狼の部屋

（一）

十年以上前になる。

友人から、こんな話を聞いた。

「知り合いの話なんだけど、彼の親戚の叔父さんが金属プレス業をやってるの。従業員数人の零細企業で、工場の奥と二階が住まいになっているような町工場ね。昭和の終わり、その工場でとんでもない話があったんだって。

なんでも、当時、たびたび材料が盗まれるようになったんだって。狙われるのは、きまって真鍮《しんちゅう》ばかり。だから、ある程度、知識のある奴《やつ》の犯行で、同一犯ではないのかというところまでは推測できたんだけど、どうしても犯人が捕まらない。真鍮というのは高価だからね、家族経営みたいな会社でそんなことが数度も続けば、当然、経営を圧迫してくる。叔父さんが困り果ててると、同業の人が『秩父《ちちぶ》の三峯《みつみね》神社からお犬様をお借りしてみたらどうだろう』って言ったんだって。叔父さんは、まあ、典型的な町工場のオッサンだったので、最初は神頼みなんて馬鹿馬鹿しいって相手にしなかったんだって。でも、たかが、お札一枚。あってもなくても、さして困りはしないわけだし、実際、効力がなくたって、泥棒に『わかっているんだぞ』とか『もう、やめてくれ』とか、メッセージを伝えることはできる。御利益《ごりやく》がなくとも、損にはならないんではないのかと、結構、熱心に勧められてね、叔父さんはその気になったのね。

三峯神社の神様は狼《おおかみ》をお使い、つまり眷属《けんぞく》にしていて、『お犬様のお札』というのは、泥棒除《よ》けに験《げん》があるので有名なんだって。中でも、ただのお札じゃなくて、御眷属様を借りる――見えないお犬様を神様からお借りするという札は、すごい効力があるという。叔父さんはその人から色々聞いて、休みの日に、山の中にある三峯神社に行ったのよ。そして、神主さんに『御眷属様をお借りしたい』って申し出た。そうしたら、神主さん、まあ、ある意味、失礼なんだけど、叔父さんがまったく信心深い人には見えなかったんでしょうねえ、『意味がわかって、言っているんですか』みたいなことを言ったらしい。叔父さんはカチンときて、本当はその『意味』とやらを全然知りはしなかったのに『もちろんです』と胸を張った。そうしたら、次に神主さんは『表にしますか、裏にしますか』と尋ねてきた。これもまったく意味不明で、答えに詰まったんだけど、下町育ちの負けず嫌いな人だったから、知らないと言うのも悔しくて、表よりも裏のほうが、なんかシークレットみたいで貴重そうだって思ってね、『裏でお願いします』って。そう言ったら、神主さんがえっと詰まって『本当ですか?』と訊《き》き返してきた。その態度を見て、叔父さんもさすがにドキッとしたんだけど、やっぱり後に引けない負けず嫌いだったんで、『本当です。裏でお願いします』って、言い切っちゃったそうなのよ。そうしたら、神主さんは『わかりました』と頷《うなず》いて、準備をして、ご祈禱《きとう》をして、叔父さんに数センチの厚みのある平たい木の箱を渡したの。そして、細々と注意を与えた。いわく、家に帰って、神棚にそれを納めるまで、絶対、振り返ってはならない。途中、どこにも寄らず、電車の中でも、絶対に箱を下に置いてはいけない。必ず、一年後には御眷属様をお返しに来なくてはならない……。物々しさに叔父さんはすっかり怖《お》じ気《け》づいたんだけど、もう借りちゃったものは仕方ないよね。彼は箱を両手で掲げて、長い参道を戻っていったの。

既に夕方になっていて、木立に囲まれた参道は薄暗くて、誰もいない。そこをひとりで歩いていくと、なんだか視界の端をシュッ、シュッて、白い影が素早く過ぎる気がするんだって。振り向くなと言われているから、後ろは見られないんだけど、何か動物みたいなものが数匹ついてきているようで薄気味悪い。それのみならず、ときどき、箱そのものがごとごと音を立てるんだって。中で何かが動いているような気がして、叔父さんはもう怖くて怖くて。神主さんに注意されるまでもなく、寄り道もせずに大慌てで家に戻って、予《あらかじ》め造っておいた工場内の神棚に、御眷属様の箱を置き、言われたとおりにお供えをあげた。

　そうして、数日経《た》った日の真夜中、突然、一階の工場から、殺されるような絶叫が聞こえたんだって。びっくりして工場に入《つ》ると、暗がりの中、男がひとり、へたり込んでいる。さては例の泥棒かと電気を点けたら、なんと正体は自分の息子。それが顔面蒼白《そうはく》で、ガタガタガタガタ……腰を抜かして震えている。どうしたと訊いても、息子はろくに言葉も喋《しゃべ》れないざまで、激しく首を横に振るばかり。そのうち、『なんでもない』というようなことをしどろもどろに呟《つぶや》くと、這《は》うように自室に逃げてしまった。そして、その晩以来、材料泥棒は出なくなったんだってさ。

　多分、息子が犯人だったんでしょうねえ。だけど、やっぱり自分の息子だから、盗まれなくなったらそれでいいって、追及はしないで終えたみたい。気になるのは、息子は一体、何にそんなに怯《おび》えていたのかということよ。何度も訊いたらしいんだけど、首を横に振るだけで、絶対、喋らなかったんだって」

「それで、お札はどうしたの？」

「怖いから、一年待たずに、お返ししたって」

「表と裏って、どう違うの？」

「私も気になって訊いたんだけど、どうも、表というのは神社で頒布している普通のお札らしいのね。で、裏というのは、本物の、生の御眷属様を神様から借りることとみたい」

「……なま？」

――生の御眷属様って、なんなんだ。

埼玉県、秩父山中にある三峯神社は、伊弉諾《いざなぎのみこと》 尊・伊弉冊《いざなみのみこと》 尊を主祭神とし、その眷属は「お犬様」と称される狼だ。

といっても、伊弉諾尊・伊弉冊尊の眷属が狼だというのは、三峯神社での話であって、同様のご祭神を祀《まつ》るほかの神社で通用するものではない。

お犬様は火伏《ひぶせ》、盗賊除《よけ》、農作物に害を為《な》す鹿や猪《いのしし》を追い払う四足除などに御利益があるとされている。

ゆえに、それらの御利益を記した三峯神社のお札には、お犬様の姿が描かれる。

その姿を、私は今まで稲荷《いなり》神社のお札やお守りにお狐様が描かれているのと同じものだと考えていた。

しかし、友人の話は違った。

彼女の話に基づけば、三峯神社のお犬様は信仰心によって感知されるような、質量のない不可視な存在ではない。木箱に入れて貸し出せる、ある意味、物質的な存在なのだ。

無論、神様のお使いが姿を見せるという霊験譚《れいげんたん》は数多い。悪人を懲らしめたり、不敬を為した者に祟《たた》ったという逸話も枚挙に遑《いとま》がない。

だが、それらの話と、お犬様は根本的に何かが違う。

存在自体に、なんというか……そう、原始的な恐怖を覚えるのだ。

のちに私は、友人が語った話とほぼ同じエピソードが『幻のニホンオオカミ』（柳内賢治著　さきたま出版会）に記されているのを見出した。

舞台を江戸時代の赤工《あかだくみ》村（現埼玉県飯能市）としたその話は、「表」と「裏」の意味を逆にし、最後に息子は何者かに噛《か》み殺されて終わっていた。

設定に些細《ささい》な差こそあれ、その他の部分はまったく同じだ。

「泥棒を捕らえてみれば我が子なり」というモチーフは、三峯神社の神威を語る定番の物語だったのか。

友人が、誰からこの物語を仕入れたのか、私は追及していない。が、語った本人が真実として披露したのは間違いない。だから、リアルに思えたのか。私と彼女は騙《だま》されたのか？

知った当初は苦笑したが、私が感じた恐ろしさは摩耗《まもう》することなく残り続けた。

彼女の話も昔話も、どこか、妙に生々しい。

ゆえに、私はこう考えた。

（私が聞いた話は、誰かが現代風にアレンジしたものではなくて、似たようなことが現代でも、頻々と起こっているのではあるまいか？）

あるいは話の骨子が事実だからこそ、凄《すご》みを感じたのではなかろうか。

お犬様とは何なのか。

私は興味を抱いたが、聞いた当時は、インパクトのある霊験譚を味わっていただけだった。

舞台となった三峯神社は東京からでもなお遠く、ちょっと行ってみようという気軽さには欠ける場所だった。そして、それを押してまで現地に行きたいという気持ちもまた、当時は起こらなかったのだ。

ただ、件《くだん》の話は折々にいろんな人に披露した。そして、三峯神社を知っているという人がいれば、こまめに情報を収集した。

そんなふうに数年間、アンテナを張り巡らせていたところ、新たな話が耳に入った。

「うちの祖母が三峯さんの信者でさ、三峯講に入っていたんだ」

講というのは、同一の信仰を持つ人々による結社を指す。

対象によって講の形態は異なるが、数人から数十、百人単位の集団で、拠点となる社寺の参拝や地元での寄り合い、祭事を行う。

関東圏で、歴史的に有名なのは富士講だ。それより規模は小さいが、三峯講も多くの結社を持っていた。

　もっとも、近年それらの講はいずれも激減してしまっている。しかし、富士講も三峯講も絶えたというわけではない。

「祖母がまだ元気だった頃だから、随分、昔の話になるけど、当時、講仲間だったお婆《ばあ》さんが御眷属様をお借りしていたんだって。加門さんが今、話したとおり、御眷属様を拝借したら、寄り道せず、箱を下に置くことなく、家まで〝お連れ〟しなくてはならないわけ。お婆さんももちろんそれは知っていた。だけど、その年の登拝の帰り、どうしたわけか、電車に乗って、一旦、荷物を座席の上に下ろしたときに、御眷属様の箱も一緒に置いちゃったんだって。そして、それに気がつかないで、あるいは、バランスを崩したのかもしれないけれど、なんと、御眷属様の箱の上に座ってしまったそうなんだ。もちろん、すぐに気がついたんだけどねえ。そうしたら、元気でぴんぴんしていたのに、翌日、突然死してしまったって」

「わざとやったわけじゃないのに？」

「そう。わざとじゃないのに」

　……やっぱりね。

　話を聞いて、私は自分の感じていた恐怖の形が、うっすら見えたような気がした。

　私は本来、神というのは、あらゆる意味で人の手に負えないものだと考えている。

人間本位の都合の良い解釈で、生半可な気持ちで手を出すと、痛い目に遭うような、そんな恐ろしさを感じるのだ。

その感覚は、自然の厳しさにひどく似ている。

雨や陽射《ひざ》しを恵みとするのも災いとするのも、人の都合と解釈であり、天候はこちらの都合など慮《おもんばか》ってくれはしない。

どんな善人であろうとも、崖から踏み出せば、落ちるのだ。

そのあと怪我《けが》をしなければ、ご加護があったと言うのだろうが、崖自体は消えないし、知っていても知らずとも、そこから踏み出せば誰もが落ちる。

御眷属様の箱に座ってしまったお婆さんは、知っていてやったわけではあるまい。だが、そこに慣れという油断や甘えがなかったとは言い切れない。

お犬様はそれを許さない。

慣れた道だと油断して、お婆さんは〝崖から落ちた〟のだ。

昔語りの霊験譚も、父は息子を殺してほしいとまでは思っていなかったはずだ。だが、御眷属様に酌量はない。

お犬様はまっすぐに、盗人の喉笛に食いつくのみだ。

苛烈なまでの、その清浄さ。

原始的な神と自然の影。

それを感じ取ったから、私は冒頭に記した逸話に畏《おそ》れを抱いたのだった。

御眷属様の姿が、お犬様――狼というのも気になった。

絶滅したとされるニホンオオカミは、日本の生態系の頂点に君臨する動物だ。それが生身を離れても、猛々《たけだけ》しい霊威を持つ神として認識されていることに、私は惹《ひ》かれた。

いや、ニホンオオカミとお犬様は、果たして同じものであるのか……。

ともかく、もう座してはいられない気持ちになった。

本腰を入れて、お犬様を調べたい。

私は三峯神社に向かった。

どんな場所もそうですが――と前置きし、神主さんは仰《おつしや》った。

「三峯神社は縁のない人は来られないのだと、信者さんは言いますね。どんなに来たくてもダメな人はダメだし、来られる人はするするっと来る。私達神主にはわからないけど、そういう場所だと聞いてます」

よかった。

ならば、たまさかにせよ、私は縁を頂けたことになる。

お犬様の魅力に取り憑《つ》かれつつも、怖じ気づいている私にとって、この言葉は心強かった。

三峯神社は秩父多摩甲斐《かい》国立公園の中央、標高一一〇二メートルの三峰山の一角に鎮座している。

社伝には、景行《けいこう》天皇の皇子日本武尊《やまとたけるのみこと》が東国《とうごく》を訪れたとき、この山に登り、伊弉諾尊と伊弉冊尊を当地に祀ったのが創《はじ》まりとある。

文武《もんむ》天皇の時は修験道《しゅげんどう》の祖である役小角《えんのおづぬ》が当山で修行をしたと伝わり、淳和《じゅんな》天皇の頃には、弘法大師空海《こうぼうだいしくうかい》が社《やしろ》の脇に十一面観音像を祀ったという。

明治の神仏分離令以降、ここは神社となったけど、本来は修験の地であり、神仏習合の霊場なのだ。

今はもう廃止されてしまったが、私が最初に三峯神社に登拝したときは、大輪《おおわ》というバス停側から神社手前までロープウェイが通っていた。

それに乗って標高を一気に稼ぎ、駅から参道をしばし歩くと、やがて朱が勝った壮麗な社殿が目に入ってくる。

本殿は寛文元年（一六六一）、拝殿は寛政十二年（一八〇〇）建立。日光東照宮をも彷彿《ほうふつ》とさせる、江戸時代らしい御社殿だ。

現在は車やバスでも来られるが、江戸時代に、山まで資材を上げて、これほどの建築物を造るのは相当な権威がなければできまい。

往時の表参道は、ロープウェイ駅のあった大輪から荒川に架かる登竜橋を渡り、五十二丁をひたすら登るというものだ。

のちに一度、その道を私は上まで登ってみたが、距離もあり、勾配もきつく、足の弱い年寄りや女性ではかなり辛《つら》い道に思えた。

その表参道を登り詰めると、奥宮《おくみや》の遥拝《ようはい》殿脇に出る。

正面には、寛政年間に再建された重厚な随身門があり、参拝者達は鬱蒼《うっそう》とした山中から、一転、神仏の宮に立ったという高揚感に包まれる。

遥拝殿から望めるのは、標高一三三二メートル、奥宮のある妙法ヶ岳だ。ここから奥宮に行くには、なお一時間以上歩かねばならない。

立派な建築物を見ていると、一瞬、平地のように思えるが、三峯神社は確かに秩父の深い山の中にあるのだ。

お犬様の姿は鳥居の前に立ったときから、求めるまでもなく、目に入ってくる。

境内のそこここに、様々な表情と体軀《たいく》を持ったお犬様の石像があるのだ。

数えたことこそないけれど、獰猛《どうもう》そうに牙を剝《む》きだしたものから、子犬のごとく愛らしいものまで、見ていて飽きることはない。

私は動物好きなので、沢山のお犬様像のある三峯神社は、それだけで充分嬉《うれ》しい場所だ。聖地としても、掛け値無しに気持ち良い。

神社の由緒書きによれば、ここにお犬様が祀られるようになったのは、日本武尊が初めてこの山に登ったとき、「山犬」が道案内を務めたため、当地の神の眷属として定められたということだ。

祭神は飽くまで、伊弉諾尊と伊弉册尊。だが、こちらの色眼鏡のせいなのか、三峯神社で感じるのは、圧倒的な山の気と、深い森の中に潜んだお犬様の気配ばかりだ。

もっとも、稲荷神社でも、ご祭神の宇迦之御魂大神《うかのみたまのおおかみ》や保食神《うけもちのかみ》などよりも、お狐様の気配が強い。ご祭神より、眷属神が目立つのは、ここに限ったことではない。

結局、目に見える石像のほうが、人の印象に残るのだろうか。

しかし、どんなに大きな狛犬がいても、一般の神社で、狛犬さんが祭神を上回るインパクトを持っていることは滅多にない。

やはり、お犬様とお狐様は特殊なものなのだろう。

三峯神社には本殿とは別に、御眷属様を祀る「お仮屋」という社がある。

「山犬」とも「お犬様」とも称される御眷属様は、実際の動物としてはニホンオオカミに相当する。

用心深い彼らは普段、山中に身を潜めているために、直接拝することはできない。ゆえに境内に仮の宮を造って、御眷属様への祭事を行う。

それで御眷属様の社は「お仮屋」と称されるわけだ。

本殿から見て西に位置するこの社は、「仮屋」という名前のとおりに質素な造りでありながら、妙な奥深さを感じる場所だ。

ご祭神名は大口真神《おおくちのまがみ》。

如何《いか》にも、狼らしい名だ。

が……、私はふと首を傾《かし》げた。

通常、眷属に、個別の神名はつかないものだ。

なのになぜ、お犬様は「大口真神」という名を持っているのか。

疑問を持ち帰って調べてみると、『日本書紀』欽明《きんめい》天皇の項に、こんな話が載っていた。


――天皇が幼少の頃、夢に人が出てきて言った。

「秦大津父《はたのおおつち》というものを大事にすれば、壮年になって必ず天下を治めることになるでしょう」

目覚めて、その人物を探してみると、山背国紀伊郡深草里《やましろのくにきのこおりふかくさのさと》（現在の京都市伏見区辺り）に、同じ名前を持つ人がいた。夢のお告げのとおりだと、天皇は喜んでその人を召し、何事か特別なことがあったかと尋ねた。

するとこんな答えが返ってきた。

「何もございません。ただ、伊勢での商いの帰り、山中で二頭の狼が争い、血みどろになっているのに出会いました。私は馬から降りて、口を漱《すす》いで手を洗い、拝んで言いました。『あなた方はかしこき神であり、荒々しいことを好まれますが、もし、今のあなた方を猟師がみつければ、たちまちのうちに捕らえられてしまいます』そう言って、争いを押しとどめ、血を拭《ぬぐ》って洗い、二頭を引き離しました。それで二頭とも命を長らえたのです」

天皇はそのことに違いないと、秦大津父を近くで仕えさせた。

彼は商才に長《た》けていたため、国はどんどん富み、天皇が即位されると、大蔵省《おおくらのつかさ》を拝することになった……。

つまり、欽明天皇の時代である六世紀、または『日本書紀』が成立した八世紀において、狼は既に神として認識されていたことになる。

ちなみに日本の文献で、狐が最初に登場するのは『日本書紀』斉明《さいめい》天皇三年（六五七）。

『石見国《いはみのくに》の言《まを》さく、「白狐《しろきつね》見ゆ」とまをす』とあるのが初めだ。

これは瑞兆《ずいちょう》と解されているが、白狐そのものを神とはしていない。

たとえ、神の化身でも、欽明天皇は第二十九代の天皇であり、斉明天皇は三十七代だ。百年以上の差を以《もっ》て、狼のほうが登場が早い。

加えて、狼は神の化身でも眷属でもなく、神そのものだ。

もっとも、「大口真神」という祭神名はのちの時代にできたもので、『日本書紀』には記されていない。が、このような扱いをされた動物は、日本では狼しかいないのではなかろうか。

無論、これは紙に記され、今に残った記録を元に言うことで、庶民の間で動物達がどのような扱いにあったのかはわからない。

だが、少なくとも、正史とされる『日本書紀』は、秦大津父の言葉を偽りとして排除せず、載せているわけだ。

狼は生身のままで神である——と。

（二）

年に一度、行くか行かないか程度であるが、三峯神社に通ううち、神主さんにも知り合いができ、信者さんと話す機会にも恵まれた。

当時は狼信仰について、何かを書こうと考えていたわけではなかった。

初めて訪れて以来、三峯神社がすっかり気に入ってしまった私は、単に聖地として神社を慕い、行楽として周りの山を歩いた。

だが、その間にも、御眷属様の噂《うわさ》は耳に入ってきた。

ある人は奥宮に至る道すがら、大きな〝犬〟がつかず離れず、一緒に歩いてくれたと言い、ある人は宿坊に泊まった翌日、薄霜の降りた拝殿の廊下に、〝犬〟の足跡が点々とついていたのを見たと語った。

私は当初、それらの話をお犬様の霊験譚として、記憶のコレクションに加えていた。

だが、平成二十四年（二〇一二）。

NHKにて放送された『見狼記～神獣　ニホンオオカミ～』を見て、私の気持ちは大きく揺れた。

『見狼記』は、ふたつの視点からニホンオオカミを扱った番組だ。

ひとつは、神獣としてのお犬様に触れてきた人々の視点。

もうひとつは、絶滅したはずのニホンオオカミに遭遇したと語る人達の眼差しだ。

放送された内容は、どれもこれも、私にとってはエキサイティングなものであったが、何より衝撃的だったのは、ニホンオオカミらしき動物に遭遇した人が、平成に入った今も、ひとりならず存在しているということだった。

明治三十八年（一九〇五）を最後に、実証可能な消息は絶え、ニホンオオカミは絶滅したとされている。

最後のニホンオオカミとされる雄の個体は、奈良県吉野郡東吉野村で捕獲されて標本となり、捕獲地にはニホンオオカミの銅像が建てられている。

しかし、番組に触発されて、改めて調べてみたところ、それ以降もニホンオオカミの姿を見、声を聞いたという証言は、数え切れないほど存在していた。

にも拘わらず、絶滅の判定が覆らないのは、目撃者が一般人であることと、調査できる個体が専門家達の手に渡らないという理由ゆえだ。たとえ撮影に成功しても、素人が撮った写真では話にならないということらしい。

なんとも、杓子《しゃくし》定規なお役所仕事だ。

専門家が調査対象を確保できないというだけで、ニホンオオカミは絶滅したと決めつけてしまっていいのだろうか。

世界各地で、新発見とされる動植物は毎年出るが、それらは発見されたとき、降って湧いたわけではない。何万年、何億年と地球で生きていたものが、そのとき、〝たまま〟研究者の目に留まったというだけだ。

大体、動物界において、人間ほど五感、身体能力が低い生き物はいないのだ。ろくな嗅覚も持たず、夜目も利かない我々が捕らえられないというだけで、なぜ、その生き物をいないとするのか。実際、七十年前に絶滅したとされたクニマスも、つい数年前、また、生存が確認されているではないか。

日本は狭い国だけど、川や湖は数限りない。国土の六割強は山であり、登山道はその広大な面積の中、細い糸みたいなものでしかない。そして、道もない山林に分け入る人は稀《まれ》なのだ。

マンモスや恐竜のごとき巨大な生物でない限り、その中に潜んでいるものが見つからなくても不思議ではなかろう。

一九九三年に『幻のニホンオオカミ』を著した柳内賢治氏、二〇〇七年、『ニホンオオカミは生きている』(二見書房)を著した西田智氏、そして『見狼記』に登場した八木博氏……。

彼らは皆、山中でニホンオオカミらしき動物と遭遇した人達だ。

著作に記された柳内氏の遭遇譚も、西田氏が撮った写真とマスコミ騒ぎの顚末《てんまつ》も、一読すればそのリアリティは容易に伝わってくる。

『幻のニホンオオカミ』の一節を、引用してみよう。

『無言のまま彼が見詰めている方向へ目を移していくと、前方二〇メートル余りのところに一匹の犬らしきものが突っ立っているではないか。犬とわれわれ三人の間は深さ三メートルほどの窪地になっていて、相互の視界を遮るものはなにもない。私は最初、シェパードかなと思ってみたが、シェパードとはどこか感じの違う野性味を漂わせている。じっと見詰めているうちに、私は体がぞくぞくしてくるのを覚えた。他の二人も黙ったままでいるところを見ると、本能的に恐怖感に襲われていたと思う。』

この前後に記された凄《すさ》まじい唸《うな》り声、飛ぶように逃げていく犬らしきもの、皮ごと食われた兎《うさぎ》の残骸……。

得体のしれない肉食獣に脅かされた筆者達一行の緊張も、読めば読むほど生々しい。学者達は一様にそれらを否定するけれど、専門家とて、見ているものは昔の不出来な剝製《はくせい》だけだ。生きたニホンオオカミを知らないという点では、素人と同じだ。

それでも、彼らが山にいるイヌ科の動物を否定するのは、既にニホンオオカミは絶滅しているのだという、お墨付きがあるからだ。

一方、柳内氏らがその生存を主張するのは、偏《ひとえ》に見た——見てしまったからにほかならない。

彼ら目撃者達は一様に、眼前に現れた動物に強い違和感と恐怖を覚える。そして、時が経つほどに、あれはただの犬ではない、狼だ、と確信するのだ。

人間というのは錯覚し、思い込む動物ではあるけれど、その直感は決して侮れない。

柳内氏・西田氏・八木氏が皆、たった一度、数分間その動物を見ただけで、なぜ著作をものし、生涯を懸け、ニホンオオカミの生存を熱く主張し続けるのか。

そこには遭遇した者しか知り得ない、決定的な「違和感と恐怖」が存在するのではなかろうか。

いや、推測めかして書くことはない。ニホンオオカミを見たことのある人はいずとも、犬を知らない人はいない。ゆえに、会えばわかるのだ。

あの動物は犬ではない、と。

数年前の真夜中近く、三峯神社の宿坊で、私は奇妙な遠吠《とおぼ》えを聞いた。

明かりひとつない山中に、その声は突然響き渡った。

空気を震わせるような低音から、伸び上がる高音。そして沈黙。

町で聞く犬の遠吠えとは、まったく異なっている。

皮膚がビリッと緊張した。

息を詰めて、しばしの間、その余韻を追ったのち、私は連れと顔を見合わせた。

「今の遠吠え、普通の犬に思えなかったね。まるで……」

言い淀《よど》んだのは、あり得ないという気持ちがあったからだ。だが、その一方で、私は今の遠吠えが三峯神社の「御眷属様」ではないかと疑っていた。

実は、その二年前の夕刻にも、私は何かの遠吠えを秩父山中で聞いていたのだ。

声は谷を隔てた向こうの山から、やはり、長く尾を引いて響いた。

私は声の聞こえた山を見た。と、隣の峰辺りから、最前よりやや力強い獣の声が返ってきたのだ。

常識に照らして、私はそれを鹿の声だと考えた。

だが、鹿の声なら、山中で今まで幾度も聞いている。その記憶と、声は異なっていた。大体、あんな遠距離で、鹿が鳴き交わすものなのだろうか。

頭の隅に「狼」の文字が過《よぎ》らなかったと言えば、嘘《うそ》になる。しかし、検証できるはずもなく、そのときはひとり、首を傾げたままで終わった。

だが、二度目に聞いた声は確実に、鹿ではなく、イヌ科のものだった。

無論、その遠吠えを狼だと言い切る自信はない。夜の山という環境が、バイアスを掛けたのだろうと言われれば、そうかもしれないし、本物の狼の遠吠えは、テレビでしか聞いたことがないのだから、真偽のほどはわからない。

しかし、うまい表現こそ見つからないが、あの声は確かに普通ではなかった。

ニホンオオカミらしき動物を見た人が、異口同音に語るとおり、私は闇からの一声に、強い違和感と恐怖を覚えたのだ。

ただ、知っている人は知っているが、私はときどきこの世ならぬモノを見聞きする質《たち》だ。怪談実話なども記している。ゆえに、声を聞いた当初は、正直なところ、非現実的なものではないかと考えていた。

しかし、『見狼記』を見、ニホンオオカミ生存を唱える本を読むうちに、もしやという思いが湧いてきた。

自分の聞いた声だけではない。

信者さんが見たという、薄霜に残された足跡は、本当に姿無き神の証《しるし》だったのか。

奥宮に向かう途中、ついてきたという大きな犬は、一体、なんだったのか……。

詳しい場所を記すことは控えるが、実は三峯神社の境内には、イヌ科の動物のものらしき足跡が残っている場所がある。

コンクリートを敷き直したとき、固まらぬうちにナニモノかがつけていった足跡だ。

常識的に考えるなら、それは参拝客か近所の人が連れてきた犬のものだろう。

超常的に思うなら、姿無き神の残した証だ。

が、もしかすると、もうひとつ、可能性はあるのではないか。

かつて、ニホンオオカミは、北海道と沖縄を除く日本全土に生息していた。それを神と崇《あが》める神社・信仰も、日本の各地に残っているが、中心となるのは秩父山系を頂点にした関東から東北に掛けての地域だ。

そして絶滅宣言以降、ニホンオオカミの目撃情報が多いのも、なぜか秩父山系だ。

その重なり具合を見ていると、狼信仰の神社は結託し、密《ひそ》かにニホンオオカミを保護しているのではあるまいか――そんなふうに思えるほどだ。

資料を読めば読むほどに、段々ももやもやしてきたので、某日、私は三峯神社の神主さんに伺ってみた。

「お犬様の姿を見たという人がいますよね？　あれ、もしかしたら、生きているニホンオオカミを目撃しているって可能性はないですかね？」

「どうなんでしょうね」

神主さんは否定も肯定もしなかった。

「では、もし三峰山中で、ニホンオオカミが捕獲されたら、神社側はそれを動物として学会に提供しますか？　それとも、ご神使として扱って、山の中に放ちます？」

問いを変えると、神主さんは微苦笑を浮かべて答えを返した。

「産立《うぶだ》て神事があるでしょう。我々はずっと、生身の狼を神として扱ってきたのですよ」

――そうだった。

「産立て神事」とは、狼がお産をした際、その巣穴に赤飯《あかめし》をお供えする神事を言う。今でこそ途絶えてしまっているが、明治期まで、神官達はニホンオオカミそのものに、神《しん》饌《せん》を奉ってきたのだった。

前節に自分で記したとおり、日本において、狼は生身のままで神なのだ。ニホンオオカミと大口真神はまさに同一のものであり、それを神とする人々にとっては、肉体があろうがなかろうが、ご神威には何の変わりもない。さしたる問題にはならないのだ。

また、たとえ姿を見せたのが、普通の犬であろうとも、彼らがそれを御眷属様だと思えば、信仰は成立する。

実際、参拝したら犬になつかれたとか、帰ったのち犬を飼ったとか、そういう話も(神社側の是非はともかく)三峯神社の御利益として語られるのだ。

信心する側に、区別はない。

だからこそ、信仰は生き続け、反面、ニホンオオカミは曖昧《あいまい》な闇に隠れてしまう。

大体、文句を言うわけではないが、「お犬様」という呼び方がまずい。

神社の眷属のみならず、日本では狼のことを「お犬」「オイノ」「山犬」「大犬」「オオカメ」「かめ」「豺《さい》」「カセキ」「カセギ」などと呼んでいた。

「オオカメ」「かめ」を亀と間違える人はまずいないと思うのだけど、「お犬」「山犬」「大犬」は混乱の元だ。

鎌倉時代の辞書『名語記《みようごき》』には、「オホカミ如何　豺狼也　山犬トイフコレ也」と書かれている。しかし、『和漢三才図会』やその類書では、三つすべてを別のものだと記したり、山犬と豺は同じだが、狼は違うと記してあったり、正直、わけがわからない。

現場でその動物と対峙《たいじ》してきた人達には、多分、区別がついたのだろう。が、今、残された文献を読んでも、記されたエピソードがニホンオオカミのものなのか、野生化した犬のものなのか、正確な判断は難しい。

ニホンオオカミの習性も、昔話に紛れると、よくわからなくなってくる。

――昔、ある旅人が山越えをしたところ、村に出る前に日が暮れてしまった。野宿をするのはいいが、狼が怖い。見渡すと、大きな木があったので、この上なら狼も来られまいと考えて、一番高い枝に登って、夜を明かすことにした。

夜半になると、案の定、沢山の狼が現れた。彼らは旅人の匂いを嗅ぎつけ、木の上に人がいるのを知った。しかし、どんなに飛び上がっても、旅人のいる枝には届かない。旅人は安心していたが、そうするうちに、一匹、二匹、と、狼は大きい順に肩車を組んで、上へ上へと迫ってきた。このままでは旅人の居場所に届いてしまう。

もう、逃れる場所もなかったので、旅人は短い刀を抜いて、来たら切りつけようと考えた。だが、狼はもう少しというところで届かない。

「もう一匹分、足りないぞ。鍛冶屋の婆《ばば》を呼んでこい」

狼は言い、やがて大きな老狼が仲間に呼ばれてやってきた。狼達がその老狼を担ぎ上げたので、その口は旅人のところに届いた。

とっさに、旅人は刀を振るった。老狼は悲鳴を上げて転げ落ち、それで、ほかの狼もちりぢりになって逃げてしまった。

命からがら助かった翌日、村に下りると、鍛冶屋の婆が大怪我をして寝こんでいるという話が聞こえた。旅人が訪ねて傷口を見ると、老狼に切りつけたところと違わない。

さては、と旅人が婆を殺すと、婆は狼の姿に戻った。そして、鍛冶屋の床下からは、本物の婆の骨が見つかった。


民俗学にて「鍛冶屋の婆」と称される昔話の典型例だ。

殺した人間に狼が化ける話は、全国に類話がある。また、前半、狼が櫓《やぐら》を組んで人に迫る話は「千疋狼《せんびきおおかみ》」「継ぎ狼」とも呼ばれ、これまた各地に似た話が残っている。

この中では狼は悪く、怖い存在となっている。

だが、『狼の民俗学　人獣交渉史の研究』（菱川晶子著　東京大学出版会）によると、これらの話は日本オリジナルというわけではなくて、インドや中国、朝鮮半島に、虎の話として伝わるものという。

アジアの主立った地域において、百獣の王は虎だった。ゆえに、中国文化圏では山神の眷属も虎となる。

しかし、日本に虎はいないため、生態系の頂点に君臨する狼を山の神とし、同様に虎にまつわる伝説・説話をも狼に仮託したのだ。

一説によると、ニホンオオカミは、本来、おとなしい動物だったという。また、大陸の狼と違い、大きな群れも作らなかった。

だから、日本オリジナルの狼伝説は、外国由来の「鍛冶屋の婆」とは、ちょっと趣が異なっている。


——夜、ひとりで山道を歩いていると、後ろから狼がついてくる。そのまま歩き通せば、何もしないが、もし、何かの拍子に転んでしまうと、たちまち食い殺されてしまう。

しかし、転んだときに「どっこいしょ」などと言い、自分で座ったように見せかければ、襲われない。そして、無事に家まで帰れたときは、送ってくれた狼に礼を述べ、塩や赤飯、草履などをあげると、狼は山に帰っていく。

――山で出会った狼の様子がおかしいので見てみると、口の中に大きな骨が刺さって苦しがっている。

「俺を食わないならその骨を取ってやるが、どうだ」と訊くと、頷いたので、口の中に手を入れて、刺さった骨を抜いてやった。

狼は涙を流して喜び、後日、人間に礼をする。

伝説の中だけの話ではない。

実際、狼につけられることは、そう珍しくもなかったらしい。そのため、山中での注意点、家に着いた後の作法など、全国には様々な方法が伝わっている。

また、狼側が治療をしてくれた人にする返礼にも、多くのバリエーションがある。

後日、家に獲物を置いていったり、ほかの狼に狙われたときに守ってくれたり、山に行くたび、ボディガードとして家まで送ってくれたり、と。

これもまた、すべて架空の物語とは言い難く、ヤマドリを持ってきた狼への返礼に、塩を振る舞った皿というのが、東京都秋川の個人宅に残っている。

ニホンオオカミが恐怖の対象となったのは、江戸時代中期、外国から狂犬病が持ち込まれて以来だ。狂犬病に罹った犬は「病犬《やまいいぬ》」「狂い犬」と称されて、人に仇《あだ》を為す存在となった。

また、このことが乱獲以上に、ニホンオオカミ絶滅に拍車を掛けたとも言われている。

もっとも、肉食獣であるから、おとなしいと言っても、限度はある。普段は人を襲わなくとも、餓《う》えればその限りではないし、大声を出したり、走って逃げれば、追いかけて食らいつくことは、熊と同様だ。

かつて、岩手県上閉伊郡大槌町《かみへいぐんおおつちちょう》には「オイノ祭り」という祭りがあった。

年が明けて、まだ雪深い頃、人々は集落外れに建つ石碑や鳥居に、御神酒《おみき》や小豆飯のおにぎり、目刺し、鶏卵などのご馳走《ちそう》を、狼のために供えて祈った。

「オオガミさま、ご馳走をいっぱい持ってきたから、ご馳走を食べて、馬や人は食べないでください」

村人達はそう告げて、「オオガミがくぼえったぞ（遠吠えしたぞ）、さあ逃げろ」の声と共に、村に走り戻るのだ。

山の奥には狼がいる。だから、普段、狼を祀った神社には行かないし、お供えも、ご神域からなるべく離れた鳥居の際などで行われる。

山の獣達と近接する地域に暮らす人達にとって、何より大切なのは距離感だ。

狼は恐るべき獣の王であり、神秘的な山の神だからこそ、近づき過ぎず、遠ざけ過ぎいる。


ず、祟め、祀らなければならない。送ってくれた狼に、塩や赤飯を捧《ささ》げる行為も、その生き物の尊さゆえだ。

狼に限らず、山に棲《す》む動物達は、不足しがちなミネラルを補給するため、塩を好む。

だから、塩を持って歩いて、鹿や熊につきまとわれたといった話は、古今東西に残っている。

狼に塩をお供えするのも、それが彼らの好物だとわかっているからにほかならない。

だが、往時、海から離れた人にとって、塩は貴重なものだった。小豆も、無論、米も貴重だ。それらを狼に捧げることは、実は簡単なことではない。

にも拘わらず、人は狼に塩を捧げた。なぜなら、そうさせるだけの力を、狼は持っていたからだ。

大槌町の祭りは、どちらかというと、狼の脅威から人馬を守るためのものだ。そこに見えるのは、荒ぶる山の神の心をなんとか慰撫《いぶ》しようとする、山住みの人達の心根だ。

しかし、これはむしろ特異な例だ。

日本の信仰における狼と人との関係は、主に三つに分けられる。

一番目は狼と和すタイプ。二番目は敵対し、祟る存在を鎮魂・慰撫し、おもねるタイプ。そして、三番目は狼犬を養い、害獣駆除などに貸し出した犬飼部《いぬかいべ》に関わるものだ。

大槌町の神事は、二番目に相当すると言っていい。だが、圧倒的に多いのは一番目。

狼と和し、狼が人に益をもたらすタイプだ。

ニホンオオカミが姿を隠し、現実的な脅威から距離ができたせいもあるだろう。三峯神社で、私が信者さんから伺った御眷属様の姿は、どれも非常に親しみやすいものだった。

「御眷属様をお借りするようになったきっかけは、今となっては口にしたくもないことだから、言わないわ。でも、ここで御眷属様を拝借したのち、とっても速やかに問題が解決したのは確かなことね。以来、もう十年以上、毎年、御眷属様を頂いているの。見えない家族みたいなものよ。すごくいたずら好きなコで、神社から家に着くと、元気一杯になって、はしゃぐのよ。わかるわよ。しばらくの間、物が勝手に動いたりするんですもの。御眷属様は毎年毎年、新しいのを頂くとされているけれど、私が思うに、家に来るのは同じコね。違うお犬様が来るのではなく、神社という親元で、リフレッシュして戻るみたい。

確実にいるなあって思うのは、神社に来るときと戻るとき。家から車で来るんだけど、出かけるときに助手席のドアを開いて『行くわよ』って声を掛けるのね。すると、ずんっと車が重みで沈むの。それで神社に着いて、ドアを開けると、車がふわっと軽くなる。帰りも同じ。絶対、気のせいなんかじゃないわよ。人が勢いよく乗ったみたいに、車が揺れて沈むんだから」

活《い》き活きと語った女性信者は、御眷属様に名前までつけて可愛《かわい》がっていた。

また、最近、こんな話も聞いた。

「もう十年近く前、寒くなってきた頃の話なんですが、ハイキングがてら、親子で三峯神社を目指した人がいたんです。ところが、途中で息子さんとはぐれてしまったんですね。秩父の山は結構深いし、登山道を外れると危険な場所も多いんです。谷筋にでも、落ちたんじゃないか……。報《しら》せを受けて、皆で捜したんですが、息子さんは見つからない。日の短い時季だし、暮れれば寒いし。夜になる前に見つけようと、皆、一生懸命でした。だけど、どんどん日は暮れてくる。登山道にはいなかったので、やはり谷に落ちたのだろうと、捜索に当たった私達は谷に向かって男の子の名前を叫んで捜した。すると、向かいの峰の谷底近くから、声が返ってきたんです。おーいって。いたぞ！　と、目当てをつけて谷に下りると、男の子が倒れているのが見つかった。額を切ってましたが、血は止まっていて、ほかに何もなく、無事だったんです。

ところが、

『怖くて、寒かっただろう』

再会した父親が訊いたとき、男の子は首を振ってね、

『ううん。大きな犬が来て、傷のところを舐《な》めてくれてね、ずっと一緒にいたんだよ。だから、怖くも寒くもなかった』

そう答えたそうなんです。

加えて、不思議だったのは、後日、お礼にきた父子に会ったんですが、男の子はすごく内気で、声が細くて……。谷を隔てても聞こえるような大声は出せそうもない子だったんですよ。では、こちらの呼びかけに答えた声は一体、なんだったのか。今でも不思議に思いますね」

捜索に関わった人から直接、私が伺った話だ。

三峰山は本来、山岳修験の地であった。狼も山に棲むゆえに、山の神と称された。

しかし、元々、狼信仰は農村部から興ったという。

作物を荒らす鹿や猪は、狼には敵《かな》わない。狼の遠吠えを聞いたり、その臭いを嗅ぐだけで、彼らは慌てて逃げていく。それゆえ、田畑を守る神として、狼は農民に尊ばれた。

大口真神の御利益に「四足除」とあるのが、それだ。人の財を荒らす物を駆除するという意味で、泥棒も火事も除けて下さる。

御眷属様は人間の生活を守る神なのだ。

頼もしくも優しいこの姿には、私が当初感じたような苛烈なご神威は窺《うかが》えない。

それが今どきの神信心だと締めくくることもできよう。が、生憎《あいにく》、狼信仰はそんな単純なものではない。

なぜなら、お犬様が除けるのは、生身の動物だけではないからだ。

同じく四本の足を持つ、見えない動物をも退ける。

そう。

お犬様のもうひとつの得意技は「憑きもの落とし」という別名を持った「四足除」なのだ。

（三）

狐憑きが迷信とされたのは、明治の文明開化以降という話ではない。それ以前から識者とされる人々によって、何度も否定されてきた。

それでも狐憑きは絶えないし、祓《はら》う方法や祓ってくれる場所もなくならない。

狐憑きと呼ばれる状態は、現代では精神的な病によるものとされている。しかし、医師に頼っても改善されない場合は多い。そして万策尽きたとき、人は「神頼み」に走るのだ。

その行為を無知だとか、野蛮だと嗤《わら》うことは容易《たやす》い。が、苦しんでいる人にしてみれば、新薬でも祈禱でも、治ればそれが正しい選択なのであり、合理的かどうかで方法の正否を判じることはない。

神社はそこ自体が祓いの場所だ。

ゆえに、神社は本来的に、憑きもの落としの機能を備えていると言っていい。

その中でも、三峯神社は憑きものに強いとされてきた。

私がいつ、そのことを知ったのか、今となっては定かではない。

ただ、今では「四足除」のお札を見れば、害獣除けより先に、憑きもの落としをイメージするほどになっている。

私自身がオカルト好きということもあろうが、それほどに三峯神社をはじめとした狼信仰の場に伝わる憑きもの話は興味深い。


『ある日、「うちの娘の様子がおかしいので、憑きものを祓ってもらいたい」という電話がありました。

ひとまず御眷属のお札をお送りしたところ、その娘さんが、お札を納めた神棚のある部屋に決して近づかないというのです。これは本当にきつね憑きだということになり、三峯神社にお連れいただいて、お祓いをすることになりました。

ちょうどその頃は春山の時期で、境内は多くの人々で賑《にぎ》わい、休憩所にはご祈願を待つ人々が大勢おられました。

ご両親が引きずるようにして娘さんを連れてこられましたが、何やらわめいて大暴れしています。周囲の人々は驚いていましたが、その様子を見て口々に、「私たちの祈願は後でいいから先にあの人を」とおっしゃり、娘さんのためだけのご祈願を始めました。最初は暴れて、職員が押さえていましたが、徐々に落ちつき、血の気のなかった娘さんの顔が赤みを帯びてきました。ご祈願を終え、拝殿を出る頃には普通のかわいらしい娘さんに戻り、「ありがとうございました」と言って、深々と頭を下げていきました。』

三峯神社現宮司である中山高嶺氏による『三峯、いのちの聖地』（ＭＯＫＵ選書）の抜粋だ。

記されているエピソードは、昔話などではない。現宮司様自身の体験談だ。

その「娘さん」が来た数ヶ月後、私は三峯神社を訪れて、祈禱を担当した神主さんから、直《じか》にこの話を聞かされた。

妙な胸苦しさを感じるほど、語られた話は生々しかった。

プライバシーの問題があるので、話は宮司様が記したもののみに留《とど》める。が、興味深かったのは、今でも一年に一度ならず、憑きもの落としを頼みに来る人がいるということだ。

彼らのほとんどは病院に行っても埒《らち》が明かず、困り果てた上での相談だという。

「それが、ここに来ると治るんですか?」

「神主の立場から、治るとは口にできません。でも、ここに来るという時点で半分は治っている、憑きものは落ちているんだと、私は思います」

語られた言葉は、幾通りかの解釈ができる。

クライアントが、たとえ嫌々ながらでも神社に行くと選択した時点で、半ば正常な状態に戻りつつあるのだ、という常識的見解。

また、「縁のない人は、三峯神社に来られない」と、私が最初に言われたように、神社に来られた時点で、神縁はできているのだという考え方。

そして、三峯神社に入った時点で、勝敗は既に決しているのだという解釈。

以前、某地方にて、私は憑きもの落としをするという神社に行き合ったことがある。そこの宮司様も「社殿に上がった時点で、半分以上、問題は解決している」と仰っていた。

その言葉は完全に、神と、悪《あ》しき憑きものとの勝負として語られていた。

驚くかもしれないが、公に喧伝《けんでん》されないだけで、憑きもの落としを行っている神社は全国にいくつも存在しているのだ。

需要があるから、それらは残る。効果があるから、廃《すた》れない。

合理的ではなかろうとも、結局、日本人はそういったモノとの縁が切れない、否、切らない。

憑きもの落としを行う神社自体は、様々な神様を祀っている。

その中《うち》、動物と関係するのが、狐を神使とする稲荷系と、お犬様を祀る系列だ。

お犬様――ニホンオオカミは、神社を離れた民間においても、憑きもの落としに力を発揮している。

狼の頭骨がそれである。

ニホンオオカミの体、特に頭部は、牙一本でも最高の魔除けのお守りとされたのだ。

世界中、様々な生き物の牙と爪は様々な民族のお守りとなっている。

熊、鮫《さめ》、虎、コヨーテ、そして狼。

日本で市販されているネイティブアメリカンのネックレスにも、狼の牙は使われている。

だが、世界のお守りを見渡しても、頭部の骨そのものに掛ける期待は、日本ほど強くないようだ。

江戸時代には〝実用〟とファッション性を兼ね、狼の顎《あご》の骨に漆《うるし》を塗ったものが根付けとして用いられていた。

また、頭部そのものは、強い霊力があるとして祈禱師達の道具となったり、神棚などに祀られた。

但し、それらはお札のごとく、ただ所持されているだけではない。誰かに憑きものが憑いたとなれば、それらの骨は貸し出され、悪しき精霊を追い払う道具として使われたのだ。そして、場合によっては骨の一部を削り取り、薬として「患者」に飲ませた。

狼は日本の生態系の頂点に立つ神ゆえに、死してのちも、見えない動物達の頂点に君臨しているわけだ。

この信仰・考え方は、神社の介入で成立したものではない。もっと、プリミティブで土着的だ。むしろ、こういった信仰があったからこそ、御眷属様信仰は成立したのかもしれない。

狼の頭骨は強力だが、数に限りがあるし、個人宅で祀られるものゆえに、誰もが拝借できるというわけではない。

だが、神社の神札ならば、ある意味、量産可能である。

三峯神社の御眷属様信仰は、歴史的には十八世紀初頭、当時の山主《さんしゅ》であった日光法印に端を発するという。

社伝によれば、享保《きょうほう》五年（一七二〇）九月十三日の夜、日光法印が山上の庵室《あんしつ》で正座していると、山中どこからとも知れず、狼が群がってきて境内に満ちたという。これをご神託と判じて、法印は山犬の神札を貸し出して、霊験をみたとされている。

これを読む限り、三峯神社の御眷属様拝借は、結構、新しい時代のものだ。

しかし、当然ながら、この背後には、古代から続く狼への畏怖と信仰の面影がある。

そうでなければ、集まってきた狼に神意を感じるはずはない。

加えて、霊的な力に対する期待がなければ、御眷属様拝借が信者以外の人々にも認知され、広がるはずもない。

——安政五年（一八五八）。

全国で大流行したコレラは「虎狼狸《ころり》」と称され、当時、国を騒がせていた異国船と外国人がもたらした悪疫だとみなされた。

そして、外国からやってきた悪しき獣に勝てるのは、お犬様だと考えられて、信仰を担う三峯神社や武蔵御嶽《むさしみたけ》神社では、多くの御眷属様が求められて貸し出されたのだ。

三峯神社の記録によれば、なんと、一万匹もの御眷属様が貸し出されたとか。

同時に、ニホンオオカミの頭骨の需要も急増し、そのために多くの狼が捕殺されたとも言われている。

骨を取るため、神であるニホンオオカミを殺すのは本末転倒な気もするが、見えない獣をやっつけるためには、生身のままではダメだという気持ちもわからなくはない。

ともあれ、往時から今に至るまで、お犬様は憑きもの落としのエキスパートとして、支持されたのだ。

憑きものと呼ばれる精霊は、おおまかに三種類に分けられる。

一番目は『三峯、いのちの聖地』に記されたエピソードのごとく、どこかから来て、縁もない人に取り憑くもの。

二番目は、ひとつの家系が血筋によって受け継ぎ、増やすとされるもの。

三番目は祈禱師などが使役する、式神的な働きをするものだ。

御眷属様が相手にするのは、主に一番目と二番目だ。

「虎狼狸」のごとき流行病は、ある意味、流れ者の憑きものみたいなものなので、一番目に相当するだろう。

家系にまつわる憑きものは、地方によって、様々な種類・名称がある。

有名な四国の犬神をはじめ、オサキ、ヤコ、トウビョウなど、狐や蛇に似ていながら、実際の動物とは異なった姿を持つものが知られている。

これらに関わる人々は、たとえば「オサキ筋」「オサキ持ち」、または「筋持ち」「持ち筋」と呼ばれた。

一般的な伝承には、それらの家は豊かであるが、富は憑きものによってもたらされたものなので、憑きものが失《う》せると衰退するとある。

座敷童子《わらし》とまったく同じだが、座敷童子と違うのは、憑きもの達は、その富を他者から奪うとされていること。また、その家人が誰かを憎めば、該当者に災いを為し、場合によっては命をも奪うとされていることだ。

つまり、根本的に、その存在は悪しきものだと見られていたのだ。

また、憑きもの達は女に従い、嫁いだ先でも増えるとされたため、近年までは結婚の妨げとなったり、差別の対象にもなった。

さすがに今ではそんなことはないと思うが、その存在が恐怖や憎しみの対象になり、富を得たものが妬《ねた》みの対象になっただろうことは想像できる。

だが、これには裏がある。

筋持ちとされた家の多くは、村落の外からやってきた、いわゆるヨソモノだったのだ。そのヨソモノが金を持つと、「あの家だけ富むのはおかしい」「うちには米がないのに、なぜあそこにあるんだ」などと陰口や言いがかりがなされ、その原因を憑きものという存在に託して、ヨソモノを疎外する理由を正当化したのだとか。

これが本当なら、なんともみみっちい精神性だが、思えば、コレラを外国産の憑きものとする神経も大差ない。

人というのは、困ったものだ。

ちなみに、私は憑きものと呼ばれる存在自体は否定しない。

但し、彼らのすべてが悪いものとは思っていないし、逆に筋持ちすべてが、本当の憑きものを養っているとも思わない。

まあ、この辺りはそのうち記す機会もあるだろうから、措《お》いておこう。


お犬様信仰の篤《あつ》い秩父地方にも、「オーサキ」という憑きものがいる。

民俗学的には「オサキ」「オサキ狐」「尾裂」などと記されて、ひとまとめにされてしまうが、秩父や山梨など、いくつかの地域では「オーサキ」と呼んでいた。

ほかの憑きもの達と同様、「オーサキ持ち」の家も存在したが、この地方で興味深いのは、オーサキは家の中のみならず、山にもいるということだ。

『図説　日本の妖怪』（岩井宏實監修　近藤雅樹編　河出書房新社）「憑き物と祟り」（飯塚好著）の中にこんな一文が記されている。


『秩父地方ではオーサキや狐に憑かれないようにと、四足除けなどと書かれたお札を出していた神社が、三峰神社（原文ママ）をはじめいくつかある。この四足除けをしてくれるのは、これらの神社の眷属であるお犬さまである。この地方ではオーサキはオコジヨであるともいわれ、このオコジョは山の神の使いともいわれている。そして、お犬さまも山の神の使いであるという。オコジョもお犬さまも共に山の神の使いと考えられていながら、憑き物に関して対抗関係になっているわけである。』

私は憑きものを三つに分類したが、この地方にはもうひとつ、山に棲む憑きものがいるわけだ。

機会を得て、地元の人に伺ったところ、オーサキはオコジョを指すが、そのものではなく、憑きものとして悪さをするものは不可視の存在であるという。

実在する動物としてのオコジョと、見えないオーサキ。

実在する動物としてのニホンオオカミと、見えないお犬様。

それらが共に山の神、またはその使いとして、同じ地方にあるのは興味深い。

少し歴史が違っていたら、両者の立場は逆転していても不思議ではないに違いない。

そんなことを思っていたら、つい最近、四国出身の男性が貴重な話を聞かせてくれた。

「憑きものでよく例に出るのは、四国の犬神信仰ですよね。本とか読むと、結構、怖いことが書いてあるでしょう。犬を生きたまま首まで土に埋め、届かないところに食べ物を置き、ぎりぎりまで餓えさせる。そして、もう気が狂ったようになり、死んでしまう直前に首を斬り、食べ物に食らいつこうとする執念とか怨念を術で封じて祀るんだって……。実際、そんなことが行われていたかはわからないですよ。でも、僕の知っている犬神憑きはそういう感じじゃなかったな。ええ、犬神筋と呼ばれる人達が、実際、近くにいたんです。

小学校のとき、その家の子がクラスメイトだったんですよ。本人が言い回るようなことはなかったけど、みんな知っていましたね。よく言われる差別というのも、子供達の間ではなかったです。ただ、おとなしい子だったんで、ガキ大将みたいな連中からは苛《いじ》められていましたが。僕はその子と仲が良くて、家にも何度か遊びに行って、ご神体と言われる犬神様も、見せてもらったことがあるんです」

「そういうのって、人に見せても構わないんですか？」

「どうなんでしょうね。子供だったから、親に内緒で、宝物を見せるような気持ちだったのかもしれないですね。ご神体は箱に入っていて、漆か墨を塗ったみたいに真っ黒で、細部はよく見えませんでした。けど、獣の骨だったのは間違いなかった。気味悪いとは思いませんでした。友達はこれは狼の頭蓋骨だって言ってたけれど」

――狼の頭蓋骨。

聞いた途端、私は身を乗り出した。

「狼の頭蓋骨って、憑きものを祓うアイテムですよね」

「そうなんですか」

「聞いてませんか？　お友達は、それにどういった御利益があると言ってましたか」

「それもわかりません。だけど、その家自体は、失せもの探しとかを得意にしていたみたいですよ」


私はかなり驚いていた。

驚いた理由のひとつは、狼が式神のような使われ方をしていることだ。

最前、記した分類の三番目、祈禱師に使われる憑きものの得意技には、失せもの探しが含まれている。依頼を受けると、祈禱師は憑きものを放ち、探索させて、目的の物を探し出すと言われているのだ。

その機能が、犬神という家付きの憑きものに与えられ、のみならず、狼を使っているとは。

いや、もしかすると、彼の故郷の地域における犬神筋は、拝み屋的な機能をも兼ね備えていたのかもしれない。あるいは、狼を用いる祈禱師の家を犬神筋と呼んだのかもしれない。

イヅナという憑きものを使う飯綱《いいづな》使いも、祈禱力を頼みにされる反面、外法《げほう》使いなどと呼ばれて蔑《さげす》まれる面を持っている。犬神筋にも、それと似た側面があったのではないか。

そういった新たな知見への驚き以上に、何より衝撃的だったのは、狼が憑きものの一種として認識されていたことだった。

今や古典となっている喜田貞吉の『憑物』（宝文館出版）をはじめ、憑きもの系の主要文献には、犬神の詳細な記述はあっても、狼との関連はない。

いや、もしかすると、お犬様と狼が同一のものであるように、憑きものとしての犬神は狼であるのが常識だったのか。

ともかく、知人の話によって、厳しいながらも優しい御眷属様のイメージが、揺らぎ始めたのは否めなかった。

日本の民俗、精神史の中でのニホンオオカミは、真実、どんな姿をしているのか……。

疑問を持ち、無意識にアンテナを張っていると、ひょんなところから新たな情報がもたらされるときがある。

四国出身の知人から話を聞いて、一週間も経たないうちに、私は書庫で本を開いた。

三浦秀宥著『荒神とミサキ　岡山県の民間信仰』（名著出版）。

随分、前に買った本だが、読まずに放っておいたのを、ふと目に留めて手に取ったのだ。

――そういえば、岡山の木野山《きのやま》神社も、お犬様を祀っていたな。

そんなことを思い出したためである。

お犬様信仰が一番盛んなのは関東だ。だが、当然、他の地域でもお犬様は祀られている。しかし、そのほとんどは三峯や御嶽の講社が建てたものだ。

その中、岡山県高梁《たかはし》市津川町にある木野山神社は、秩父地方のものとは関わりなく、独自の狼信仰を持つ。ただ、私が調べた限りでは、その信仰のあり方は秩父系とそっくりなので、交流はあったかもしれない。

が、

「新しい情報はないかしら」

私は本を繙《ひもと》いた。

結果、出てきた情報は驚くべきものだった。

木野山神社の話ではない。

岡山県津山市にある貴布禰《きふね》神社についての記述だ。

不勉強にして、私はこのときまで貴布禰神社を知らなかった。

資料によると、ここの奥宮には「奥御前《みさき》」、通称「狼様」と呼ばれて、狼が祀られているという。

それだけならば、新しいお宮を知ったと喜ぶだけで終わったのだが、続いた記述が問題だった。

なんと、そこに祀られる狼はミサキである、とあったのだ。

ミサキというのは、本来、先導の意味で、神の使いを表している。この意味に則《のっと》るならば、御眷属様と変わらない。しかし、一部地方においてのミサキは、不慮の死を遂げた人の怨霊か、山川に棲んで祟りを為す妖怪とも神ともつかない存在を指す。

そのふたつの意味が、岡山では混在しているのである。

狼様は前者だと本には記してあるものの、正直、私は不安になった。そして、ミサキの性質の項を読み、益々、不安は増してきた。

『第一はたんに神の先立ちをするだけでなく、その使者として常に身のまわりにとどまって守ってくれるもの』『第二はその要求にこたえるために、身のまわりにたえずつきまとっている悪い霊を追い払い、とり鎮める強い霊の力を持つこと。』

続けて、資料はこう記していた。

『このことはミサキがただなごやかな性格のものであってはならず、仕えるものには強い力をもって守るが、その意にそわぬものには激しく恐ろしいたたりを示す力を持つものであること』

――家系に憑く憑きものの性質と同じではないか。

貴布禰神社における狼様は、三峯神社の御眷属様同様、個人に借り受けられる存在だ。立ち止まりや、振り向くことを禁じる作法も同様だ。

とはいえ、三峯神社では禁忌の理由は明白ではない。だが、『荒神とミサキ』には、貴布禰神社にて、立ち止まり等を禁ずる理由が記されていた。

『(借り受けた)小宮の中には雌雄二匹の狼が入っていて、霜月大祭に本社に帰って子を産まれるので、そのお伴をして行くのだからそうせねばならぬのだといい、お籠りをして翌朝、新しく生まれた子を同様に再び迎えて帰る。』

そして、そのまた理由として、このように記されていたのである。

『これはその家で狼が繁殖していわゆる「持ち筋」の家となることを避ける一つの知恵である』

……つまり。

一年以上、狼様を自宅に置くと、生まれた子はただの憑きものと化し、その家はいわゆる憑きもの筋になってしまうというわけだ。

神という親元で躾《しつけ》や管理のなされなかった精霊は、悪しき憑きものへと変化するのか。

私は自宅に祀ってある三峯神社のお札を見上げた。

四足除でも、御眷属様のものでもない、オーソドックスなお札だが、そこにも雌雄の狼が描かれている。

それが、一般の狛犬的な意匠ではないとしたならば……。

お札を受けてから一年経っているかいないか、私がカレンダーで確認したのは仕方のないことだろう。


秩父の山にいるオーサキも、丁寧に祀り込めば、人に害は為さないと言われる。

逆に、神から離れた狼は、人に仇為す存在となる。

不安になる話だが、相反するこの性質は、狼に限ったことではない。稲荷の狐と狐憑きのように、多くの動物達が神と魔物ふたつの顔を持っているのだ。

狼もまた、例外ではない。

否、人を守護するという点においては、方向性が異なるだけで、家筋に憑く動物も、神も、その眷属も大差ない。

ならば、お犬様は、最強の「守護する憑きもの」であるとも言えよう。ゆえに、害を為すものは、憑きものから泥棒まで悉《ことごと》く排除してくれるのだ。

人が動物に神を見るのは、その魂に大いなる自然が宿っていると知るからだ。自然現象に善悪を見て、災害だとか恵みだとか言うのが表層的であるのと同様、彼ら動物達の有り様は、人の尺度では計りきれない。

黒でもあれば、白でもある。

ゆえに頼もしく、また恐ろしい。

お犬様——ニホンオオカミは、そんな魂の有り様を最も色濃く持っている、我が国最古の動物神だ。

狐の部屋

（一）

「狐と言われて、思い起こすのはなんですか？」

問えば、多くの日本人が「お稲荷さん」と答えるに違いない。

今、私達の中で、稲荷神社と狐とは切り離せないものになっている。

しかし、稲荷信仰の総本宮である伏見稲荷大社では、現在、公的には一般の狐と稲荷との関連性を否定している。

とはいえ、伏見稲荷大社を歩けば、正面の大楼門から始まって、稲荷山の奥の奥まで、おびただしい数の狐像があるのは隠しようもない。そして、信心する側は、稲荷と狐を同一視して「お狐様」などと呼び、親しんでいるのだ。

「東京の神田に、太田道灌《おおたどうかん》ゆかりの太田姫稲荷神社ってあるでしょう？　私、あそこの神社が好きで、近くに用事のあるときは、往《い》きや帰りに手を合わせているの。あるとき、夜になってから神社に寄ったのね。拝殿にぼんぼりは灯《とも》っているけど、境内全体は薄暗くって、ちょっと都心とは思えないような雰囲気がある。決して広い社《やしろ》じゃないのに、暗くて森閑として、それでいて、いかにもお姫様ゆかりらしい艶《つや》っぽさが漂ってて……。気持ちいいなあと思いながら、何をお願いするでもなく、手を合わせていたの。そうしたら、突然、閉じた目の前がふわっと明るくなってさ。思わず瞼《まぶた》を開いたら、拝殿の中に女の人が座っているのが、一瞬だけはっきり見えた。

濡羽色《ぬればいろ》とはこのことだというほどの光沢《つや》やかな垂髪に、朱の入った打掛、あるいは十二単《ひとえ》のようなものを着ていてね。斜め後ろを向いていたんだけど、息を呑《の》んだ瞬間、すっとこちらに顔を向けたのよ。そうしたら、なんと、顔だけ真っ白い狐さん！　ものすごく美しくてね。ま、まま、まさか、この方が太田姫稲荷様？　神様？　そんなの、私に視《み》えるの？　違うよね？　思い込みだよね？　でも、万が一、本人だったら、否定したら超失礼だし……と、手を合わせて佇《たたず》んだまま、暫《しば》くパニックを起こしちゃったよ」

これは某作家の——すいません、私本人の体験談だ。

「姫」とついた神社なのだから、当然、持っていたイメージは女性だ。しかし、江戸城関連ということで、ここのお姫様は武家のお嬢様スタイルで、島田髷《まげ》という想像があったのだ。

ゆえに、そのイメージの差にも正直驚いた。

まあ、考えてみれば、太田道灌の時代はまだ島田髷は登場していない。拝殿で視た姿のほうが時代考証的にも合っている。

こういう差異が出てくると、やはりホンモノだったのかなあ、と、単純にも思ってしまうのだけど、ともかく、お顔だけ白狐のままのお姫様は印象深いものだった。

もうひとつ。

「ひとりで、出雲《いずも》の神社を巡っていたときのこと。当時はまだパワースポットブームもなくて、出雲大社以外の神社は観光客もほとんどいなかった。某古社を訪れたときも、私以外、神主さんもいなくてね。お参りを済ませて、建築物を見ていたら、お社の後ろ、ちょっとした崖みたいになった上の縁《へり》から、ひょこっと狐が顔を覗かせたの。すぐに隠れてしまったけど、野生の狐なんか滅多に見ないでしょ。うわっと思って、上に行く道を探したら、少し離れたところに古い石段があって、崖の上に続いている。上っていくと、暫く人が来ていないんでしょうね、雑草の生えた広場に出た。狐は見当たらなかったけど、ちょっと奥に進んでいったら、小さなお稲荷様の社があって……。蜘蛛《くも》の巣だらけで、なんだか可哀想《かわいそう》になっちゃったから、少し掃除をして綺麗《きれい》にして、暫くそこでぼんやりしてたな」

申し訳ない。これも私の体験だ。

自分のエピソードを並べてしまうと、稲荷を狐と信じているのは、お前じゃないかと言われそうだが、稲荷神社で狐を見たといった話は枚挙に遑がない。

境内で狐を見た。狐に導かれた。人の姿をしていたり巨大だったりという、通常の動物の形を離れた狐らしきものを視た……。

こんな話はいくらでもある。

事の真偽、思い込みの有無はともかく、私のような庶民には、やはり稲荷とお狐様は限りなくイコールに近いのだ。


一体、いつから狐と稲荷は同一視されるようになったのか。

研究書は沢山あるが、はっきりとした時期やきっかけを特定しているものはない。

そのうち、よく挙げられている理由のひとつが、鎌倉時代、伊勢神宮で編纂《へんさん》された文書の記述だ。

そこに、『調御倉神《ツキノミクラノカミ》。宇賀能美多麻神《ウカノミタマノカミ》。三狐神《ミケツカミ》。』と記されたことから（三狐神は御《み》饌津神《けつかみ》の誤記とされる）、稲荷神社の祭神である宇賀之御魂神が狐とされた、というのである。

また、仏教系稲荷の祭神である荼枳尼天《だきにてん》が、狐に乗った女神とされたため、荼枳尼天法を修する山伏や祈禱師によって、市井《しせい》にそのイメージが広まったともされている。

実際、伏見稲荷大社は東寺の鎮守であったため、神仏習合時代には境内に荼枳尼天を祀る寺があった。

ただ、空海が密教を伝えた当時の荼枳尼天は狐に乗っていない。白狐に跨《また》がったのは、それこそ稲荷大社の影響らしい。が、この姿が広まったことにより、ますます稲荷と狐の関係が深まったことは間違いない。

しかし、稲荷山に膨大な数の狐像が置かれるようになったのは、もっとずっと後の時代だ。

伏見稲荷の史料によると、境内の様子を描いた絵図に、幕末まで狐像はないという。

また、『狼の部屋』でも触れたごとく、文献に現れた当初の狐は、神でも、その眷属でもなく、瑞祥《ずいしよう》や災厄を表すシンボルと見なされていた。

石見国《いはみのくに》の言《まを》さく「白狐《しろきつね》見ゆ」とまをす　『日本書紀』斉明《さいめい》天皇三年（六五七）

狐、（中略）葛《かづら》の末を嚙《く》ひ断ちて去《い》ぬ。『日本書紀』斉明天皇五年（六五九）

伊賀国、玄狐《くろききつね》を献る　『続日本紀』和銅五年（七一二）

以下、内裏《だいり》に入り込んだだの、紫宸殿《ししんでん》に糞《くそ》をしただの、彼らの行動はなんらかの予兆と捉えられて、公文書に記されたものの、『日本霊異記』にて女に化けるまで、狐は狐のままだった。

彼らが神仏と縁を持ち、神使となって登場するのは、室町時代初期に成立した『十二類合戦絵巻』「稲荷山の老狐」辺りからという。石の狐が現れるのは、それよりもっと後の時代だ。

とはいえ、石狐像の成立は、伏見稲荷大社の絵図に記されるよりはよっぽど早い。三遊亭円丈《さんゆうていえんじょう》師匠主宰『日本参道狛犬研究会』のホームページによると、現存する最古の石狐は、東京都文京区にある吹上稲荷神社のもので、宝暦十二年（一七六二）。惜しくも再建されたものを加えると、寛延元年（一七四八）、東京都葛飾区半田稲荷神社にある石狐が最古となるらしい。

円丈師匠によれば、狐に限らず、ご神使と呼ばれる動物像中、古いものは関東、特に東京近辺に集中しており、ここ以外で一八〇〇年代以前の動物像は確認されていないということだ。

それが本当だとすると、石の狐を造り始めたのは、江戸の職人が最初という可能性もる。


ありそうだ。

無論、「お狐様」そのものの認識は、それよりなお遡《さかのぼ》る。

東京都墨田区の三囲《みめぐり》神社の境内奥には、小さな稲荷社が点在している。その社に取り囲まれるようにして、老翁老嫗《ろうう》の石像があり、こんな説明板が立っている。

『元禄の頃、この三囲稲荷にある白狐祠を守る老夫婦がいました。願い事のある人は老婆に頼み、老婆は田んぼに向かって狐を呼びます。すると、どこからともなく狐が現れて願い事を聞き、またいずれかへ姿を消してしまうのです。不思議なことに、他の人が呼んでも決して現れることがなかったそうです。

俳人其角《きかく》は、そのありさまを「早稲酒や狐呼び出す姥《うば》が許」と詠んでいます。老婆の没後、里人や信仰者がその徳を慕って建てたのが、この老夫婦の石像であると伝えられています。老嫗像には、「大徳芳感」、老翁像には「元禄十四年辛巳五月十八日、四野宮大和時永、生国上州安中、居住武州小梅町」と刻まれています。』（墨田区教育委員会）

宝井其角《たからい》は一七〇七年没だから、彼は老夫婦が生きていた時代に句を詠み、のちに石像が建てられたことも知っていた可能性がある。

この時代、即《すなわ》ち十八世紀は、神仏と動物達、それらを崇める人との間に大きな変化が起きた時期らしい。

『狼の部屋』にて記したが、三峯《みつみね》神社の御眷属様拝借が始まったきっかけは、享保五年（一七二〇）の縁起にある。

また、確認されている最古の狼像は、伊賀良神社（長野県阿智村）のものであり、寛延二年（一七四九）の銘を持つ。

最古の狐像が寛延元年（一七四八）なのだから、両者はほぼ同時期だ。

元々舶来品だった狛犬像は九世紀まで遡れるという話だが、その他、参道を守る動物像は、いずれもこれより後代のものしか見つかっていないという。

関東地方を中核に新たなムーブメントが興り、眷属神は改めて認知されるようになったのか。

ともあれ、日本全国津々浦々稲荷神社のない土地はなく、そのほとんどが狐像を置いているのが現在だ。

企業や個人宅の守り神、祀り手もわからないような小さな祠《ほこら》、そして多くの参拝者が訪れる大きな神社まで。それらの数を、正確に把握するのは不可能だ。

「日本三大稲荷」にも、いくつもの寺社が手を挙げている。

伏見稲荷大社（京都府京都市）
豊川稲荷妙厳寺（愛知県豊川市）
祐徳稲荷神社（佐賀県鹿島市）
最上稲荷妙教寺（岡山県岡山市）
笠間稲荷神社（茨城県笠間市）
竹駒神社（宮城県岩沼市）
千代保稲荷神社（岐阜県海津市）
瓢簞《ひようたん》山稲荷神社（大阪府東大阪市）
草戸稲荷神社（広島県福山市）

三大云々《うんぬん》とか七不思議とか呼ばれるものは、大概、数が合わないものだが、それにしても稲荷の候補は多い。魅力的かつ歴史ある古社や古寺が沢山あるためだろう。

それらの由来を眺めているうち、私はひとつの神社に引っかかった。

宮城県岩沼市の竹駒神社だ。

ここには、節分の日から始まる「お七夜祭」という神事がある。

「お七夜祭」は、お狐様がお産をするためのお祭りだ。ゆえに、期間中は鳴り物禁止、柏手《かしわで》も打たない。拝殿に下がっている鈴も鳴らないように緒を縛る。そして、出産の場となる奥宮は禁足地になるという。

これで思い出したのが、三峯神社に伝わる「産立て神事」だ。

記された内容はかなり違うが、狼と狐の双方で、お産にまつわる神事がある。そこに、私は興味を惹かれた。

（ほかの動物信仰にも、似たような祭りがあるんだろうか）

疑問に思っていたところ、『民衆宗教史叢書　第三巻　稲荷信仰』（直江廣治編　雄山閣出版）の中、「稲荷信仰の歴史的瞬間」と題して、近藤喜博氏がこんなことを記していた。

『狐信仰となる以前の竹駒明神の御産会神事の原姿といったものは、山犬といわれるオオカミ、オオカミとしての山犬――それは山の神として――の信仰に基づいたものではなかったのか、ということである。』

「御産会神事」と「お七夜祭」が同じかどうかは未確認だが、近藤氏はその祭りが、なんと、狼の「産見舞い」、即ち三峯神社でいうところの「産立て神事」に源があると記しているのだ。

……つまり？

狐信仰の源は狼なのか？

お狐様はお犬様？

どういうことだ。

慌てて調べを進めていくと、今度は伏見稲荷大社発行の機関誌『朱』第三十九号に、とんでもない記事があるのを見つけた。

『私が、これまでに見た中で、一番感動したのは、兵庫県美方《みかた》郡浜坂町久谷《くたに》の八幡《はちまん》神社境内の脇社に、動物のミイラ化したのが祀られてあり、その底の左方奥の隅に丸い穴が明いていたことである。』

『表札には「稲荷大明神」とあり、部屋は二つに分れ、向って右室に、このミイラ、左室には、木札が祀ってある。』（「稲荷社殿に設けられた穴―弘法大師との関係を主点として―」日野西眞定著）

こ、これは……。

御眷属様が収まった箱、その箱に開いているという「息穴」と同じではないか⁉

日野西氏は、このような穴は瀬戸内海周辺の稲荷社に多く、修験道の聖地である奈良大峰山系・玉置《たまき》神社境内にある三狐社も同様だと記す。

氏はこれらの穴を入定塚《にゆうじようづか》（高僧の墓所）に開けられている穴に近いものと見ているが、いや、しかし待て。玉置神社のお使いは狼とされ、かの南方熊楠《みなかたくまぐす》も、玉置は狼神社であると記しているはずではなかったか。

　またも慌てて、私は史料をひっくり返した。

　すると、徐々に狐の前身は狼だという推論は、過去にも多くの研究者達が言及していることがわかってきた。決定的な証拠こそないが、両者の近似を胡散《うさん》臭く思う人は、稀というわけではないらしい。

　同じく『民衆宗教史叢書　第三巻　稲荷信仰』には「稲荷社の起源」と題する西田長男氏の論も載っている。

　氏は「欽明紀《きんめいき》の二狼相闘」――狼を神と拝して、その争いを止《とど》めた秦大津父《はたのおおつち》の話を引いて、こう記す。

『この物語は明らかに稲荷社の縁起――霊験記――を語るものにほかならないのではなかろうか。すなわち狼とは稲荷社の眷属たる狐神で、古くはこの狐は狼であったのではあるまいか。』

　仮定形を用いながらも、氏がこのように記したわけは、伏見稲荷大社の起源にも秦氏が関わっているためだ。

　――秦伊呂具《はたのいろぐ》は稲束を積み上げるほど豊かだったが、そのことに驕《おご》り、餅を的にして矢を射たところ、餅は白鳥と化して飛び去り、留まった山の峰に稲が生じた。それで、そこが「伊奈利《イナリ》」という地名になった。(『山城国風土記』逸文)

狼を拝した秦大津父と、稲荷の起源に関わる秦伊呂具は、枝分かれした秦氏の中でも直系に連なっている。そして、彼らは深草《ふかくさ》辺りに居を構えていたとされている。この深草こそ、大津父が狼の争いを止めた場所であり、現場はのちに狼谷、現在も大亀谷という地名となって残るという。

改めて地図を見てみると、大亀谷はすぐ見つかった。

京都市伏見区深草大亀谷。

伏見稲荷の南、京阪本線なら、伏見稲荷駅より二駅先の藤森駅から、もうひとつ先の墨染駅の南にかけてがこの住所となる。

近い……。まったく近すぎる。

いや、古《いにしえ》、伏見稲荷の社地は「南ハ深草領ヲ限リ」とあるから、近いというより、最早《もはや》、隣だ。

狼と狐。

日本最古の動物神と、最大勢力を誇る動物神の起源が、ここまで隣接しているならば、それをただの偶然と見なすことはできないだろう。

無論、ふたつの土地が近いだけ、あるいは秦氏が両者に関わっているというだけで、狐のもとは狼だと言い切ることは難しい。

現に、今の伏見稲荷大社も、両者の近似は全く意識していない。

『変ったといえば失礼だが、秩父の三峰神社（原文ママ）には、今はもう現存しないニホンオオカミが付属している。』

社務所で発行している『伏見稲荷大社略記』には、こう記されているほどだ。だから、学者さん達も推論に留めているわけだ。

しかし、狼と狐のすり替えは、これだけでは終わらない。

仏教的な稲荷信仰の本尊である荼枳尼天、この神様が乗る狐は「野干」または「射干」と記される。

ふたつのうち、野干は後代、人に悪さをする野良狐の呼び方のひとつになってしまったが、射干はシャカンと読めることからもわかるように、本来はジャッカルを指す。

ご存じのとおり、ジャッカルは小型の狼ともいうべき姿をしている。にも拘わらず、日本ではなぜか、それを狐だと認識したのだ。

小型の狼ということで、狐が当てられたのだろうか。

区別が付かなかったとか？

いや、もしかすると、狼と狐は互換性のある動物だったのではないか。

「そうだ……。天狗《てんぐ》をアマツキツネと呼ぶじゃないか」

日本における天狗の初見は『日本書紀』舒明《じょめい》天皇九年（六三七）の項にある。

大きな星が東から西に流れ、雷に似た音が聞こえたとき、旻《みん》という僧侶が「流星にあらず、これ天狗《アマツキツネ》なり」と言ったという。

つまり、「狗」は「イヌ」の他に、「キツネ」と読まれることもあったのだ。

同じイヌ科の動物だ。確かに、両者は少し似ている。実際、捕獲された動物の写真が、ニホンオオカミかキツネかで揉《も》めたこともあったらしい。その姿に加え、読みまで曖昧であるならば、混同が起きても不思議ではない。

しかし、モノは神様だ。似ているから、どっちでもいいというものではないはずだ。とすると、このすり替え、あるいは置き換えには、やはり何らかの意図が働いたと見るのが自然ではないか。

とはいえ、関東以北では、稲荷と狼信仰は共存している。狼が失せ、ほぼ狐一色に染められたのは西日本だ。

狼が神だと不都合な理由が、古の関西圏にはあったのか。

「……もしかすると、藤原氏かも」

古代から平安末に掛け、藤原氏は強大な権力を持ち、影響は現代にまで及んでいる。

その藤原氏の氏神は、奈良・春日大社。春日大社の神使は鹿だ。

十五世紀、藤原氏の氏寺であった奈良興福寺大乗院の門跡達が残した記録が『大乗院寺社雑事記』にまとまっている。

その中、寛正二年（一四六一）の頃にこんな記述が残っている。

「村に狼が出て、夜毎《よごと》に増えている。そのため、奈良の鹿が減った。不吉なことだ」

また、明応七年（一四九八）には、こう記されている。

「狼が春日大社社頭の御供所に入って吠えた。前代未聞のことで、神主達を困惑させた。春日大社の凶事の兆しだ」

鹿が神使となったのは、ご祭神である武甕槌命《タケミカヅチノミコト》が、常陸国《ひたちのくに》鹿島《かしま》から白鹿に乗ってきたとされるためだ。

その縁起により、平安末期辺りから、生身の鹿が神聖視されるようになり、次第にエスカレートして、室町時代以降、江戸時代に入るまで、鹿を殺した人間は死刑に処せられたほどだった。

藤原氏のトーテムというべき春日の鹿は、人より尊かったのだ。

だが、狼はそれを喰《く》い殺す。

狼が神であるならば、その存在は春日の神より強いものとなってしまう。

藤原氏が許すはずはない。

狐も肉食ではあるが、幸い鹿は襲わない。そこで、伏見をはじめとした西の狼信仰はかき消され、狼はただの害獣として駆逐されていったのではないか。

先程も記したが、狐が神使となって登場するのは、室町時代初めの頃だ。

鹿への庇護《ひご》が増した時期と、ほぼ一致する。

この時期以降、猛《たけ》き神である狼は、藤原氏の権勢の下、鹿にとって無害な狐にすり替えられたのではなかろうか。

私はそう考える。

しかし、だからといって、お狐様が狼の贋物《にせもの》だというわけではない。

大体、劣化コピーみたいな存在が、全国津々浦々で崇められるわけはない。

当たり前だが、狐は狐として、類い稀なる霊獣だ。彼らは狼とはまた別の強い力を持っている。

その代表は「憑く」ことにある。

「神懸かり」と「狐憑き」。

その双方で、彼ら狐は人の言葉をもって語り出すのだ。

（二）

『権現さんの先生が神さんへのお礼としてまさに護摩を焚《た》こうとしていたその矢先に、「護摩焚き無用」と私が言ったらしく、四人に先駆けて私一人早くもお滝に向かって神さんを拝みはじめ、合掌した手を頭上に振りかざした私の身に、突如さっと神さんがお降《くだ》りになったかとおもうと、「シラタカ」と叫んだというのです。

そこで先生が神さんに、「白高《しらたか》さん、この人の眼がまた見えますようにしていただけるのでしょうか、それとも目の見えるのは今日限りなのでしょうか」とお尋ねしますと、「不自由ないよ」という言葉が私の口から発せられたそうです。（中略）私自身はもちろん、自分が何を言ったのか、まったく記憶にありませんで、（中略）まさに私が何も覚えていないということを知ると、皆口々に「ほんまもんや」と言いました。そのようにして私の身に起きた突然の様変わりは本当の神懸りだと他の人々からも認められることになったのであります。』（『神と人のはざまに生きる　近代都市の女性巫者《ふしゃ》』アンヌ・ブッシィ著　東京大学出版会）

昭和二年（一九二七）。中井シゲノ二十四歳。

二十二歳で視力を失った中井シゲノが滝行を始めて三ヶ月後のこと、突如、彼女の両眼に明暗と色彩が蘇《よみがえ》る。

るのだ。

それを知った知人の行者が、お礼の護摩を焚こうとしたとき、いきなり彼女は神懸かるのだ。

白高大神は、若々しい雄の霊狐だ。

彼女が完全な晴眼《せいがん》に戻ることはなかったが、神に導かれ、神と共に生きた中井シゲノは、白高という霊狐と共に、近畿地方、特に大阪で卓越した能力者として「不自由ない」一生を送った。

この本を初めて読んだとき、私は濃厚な神と人との交流に、畏怖を通り越した恐怖を覚えた。

記されていた内容は、高潔な神と清らかな巫女《みこ》というイメージを大きく覆すものだった。

特に白高という霊狐の性格は、生々しいほど人間的だ。

シゲノは白高のオダイとなるが、両者の関係は神とその器という次元を超えて、熱烈な恋愛関係をも思わせる（オダイとは、近畿方面における神懸かりの巫者の呼称。ダイは神の代理の意とも神が乗る台だともされる。語弊を懼《おそ》れずに言えば憑坐《よりまし》的な存在）。

白高は言う。

「このダイの口を借りてみたいと欲する神は少なくない。が、貸してやらない。白高のダイなのだ。白高の地に属する神ならまだしも、余所者《よそもの》とあらば許さん」

実際、彼女が人霊を体に入れてしまったとき、白高は剝き出しの嫉妬を見せて、その身に激しい懲罰を加える。

その情熱に、私は当てられた。

平安時代初期に記された『日本霊異記』にて、狐は初めて自ら霊力を発揮する。

上巻二話にある「狐を妻《め》として子を生ましむる縁《えに》」は、こんな話だ。


――妻を探していた男は、野原で出会った女と夫婦になる。ふたりの間には子供もできたが、あるとき、犬に追われたことで妻は正体を現してしまう。

しかし、獣に戻った妻を見ても、男の情は冷めなかった。

「子まで生《な》した仲ではないか。私はお前を忘れないよ。いつでもやっておいで。共に寝よう」

男の言葉に従って、妻は毎夜、彼を訪れた。

このことにより、「来つ寝」（原文は岐都禰《きつね》）というのである。


種を超えた恋愛物語だ。

九尾の狐として名の知られる玉藻前《たまものまえ》も、美しくセクシャルな存在だ。

安倍晴明の母である葛葉《くずのは》も、婚姻によって恩返しをする。

狐のイメージは情愛であり、情欲なのだ。

だが、私はその定義が、神あるいは神の眷属である狐にまで及ぶとは思っていなかった。

前掲書を読み進めていくと、シゲノが視力を失ったことも、夫が事故死したことも、皆、白高が彼女を得るための準備、意志であるように思われる。

それほどまでに、白高という霊狐は中井シゲノを欲した。

お稲荷様——断りのない限り、今回は霊狐の意味で記す——に限らず、神の言葉を聞く人や霊能者と呼ばれる人達は、往々にして体に障害があったり、貧困や不幸を経験している。

霊感を精神疾患の一種と位置づける人は、それらの境遇が彼らの心を屈託させ、妄想に追い込むとしている。が、神懸かりの巫者を知る人にとって、その分析はあまりに浅薄だ。

なぜなら、妄想は人に益をなさないが、人の口を借りて神が告げる言葉は（その巫者が本物ならば）実質的な利益をもたらすからだ。

白高大神のことを知った後、私はやや興奮気味に大阪出身の友人にその話をした。すると、友人は「シラタカ」と言った時点で、すぐに「よく知ってるね」と返してきた。

シゲノが亡くなったのは、平成三年（一九九一）。

霊能や占いに興味、関わりを持つ人ならば、知らない人はないほどの能力者であったという。

ともかく、よく当て、よく治す。

特に白高大神は病治しに優れていた。

『オダイは病人の体に両手を当ててゆっくり移動させます。それをすることで、病巣を感知しているようです。その患部に長くゆっくりと息を三回吹きかけて、カー、カー、カー、と音を立てて「食べて」います。これは白高さんが病気を食べているのです。』

『「（略）当時、全身に湿疹の出ている嬰児を連れて来る女性たちがここにきて、自分の身に神様が降りていた母は、その赤子を舐めていました。当時の私はびっくりして汚く感じられましたが、赤ん坊は、皆助かりました……」。

「私が口を開けると、そこに神さんがおられます。舐めているのは神さんです」。シゲノは訂正した。』

この神は、シゲノの目にはまさしく狐と映り、その動作も穴を掘ったり、ぴょんぴょん飛び跳ねたりと、動物に近いものに見えたらしい。

ゆえに神懸かった彼女の様子も動物的で、酒を飲むときなどは舌を鳴らして、犬のようだったと伝わっている。

それでいながら、白高はその登場に大笑を伴い、人の言葉でものを言うのだ。

動物に似た行動を取りながら人語を操るというのは、まさに負の現象としての狐憑きと同じだ。

いや、どちらも狐が憑くのだから、同じ以前の話だろう。ふたつの狐憑きに差異はない。違いは、憑いた人間を庇護するかどうか。そして、語られる言葉が人に益するかどうか。まさにそこに尽きるのだ。

『稲荷講志　第二』（伏見稲荷大社講務本庁　管長守屋光春編修）という分厚い資料には、稲荷大社の付属講社や支部における様々な書面、書類がまとめられている。

そこには各支部設立に至った経緯が、簡潔に記されている。

『神告によつて長女の急病を助けられて以来』　滋賀県矢橋支部

『御剣大神の神告を蒙り更に白菊大明神の御前にて霊威を受け神懸りとなり』　三重県四日市支部

『十二歳の幼時に鎮守の末社稲荷社を拝み既に霊感あり自ら口をついて出る言葉悉く適中するので世人より恠られ』　福岡県久留米支部

無論、調書の大半は一般の信心を理由とするが、本をランダムに捲《めく》っただけで、これだけのお稲荷様が顔を出す。

中井シゲノとその信者たちが設立した、大阪府天王寺支部の調書もあった。

『二十二歳の頃眼病を患つて失明同然の状態となり続いて両親及び夫に先立たれ人生の前途に只々心を痛めるばかりであつたが忽然《こつぜん》として稲荷大神の御神徳を拝し朝夕御名を称へ奉るうちに眼疾も開明に向ひ』云々。

淡泊な文言からはシゲノの人生も、その能力も見えてこない。しかし、天王寺支部の調書がこれなら、他の平凡な文書の中にも、人とお稲荷様との濃厚な関わりが隠れているに違いない。

一体、どれほどの霊狐らが人と交わりを持ったのか。

窺い知る手立てのひとつが、稲荷山の「お塚」群だ。

お塚というのは、『伏見稲荷大社略記』（伏見稲荷大社社務所）によれば、『稲荷大神を崇敬する個々人が、「私の〝何某稲荷大神〟」を稲荷山にまつるべく奉納した』もの。

つまり、ナニナニ大神と神名を刻した石碑を指す。

今でこそ、このお塚群は朱の鳥居のトンネルと共に、伏見稲荷大社の風景として欠くことのできないものになっている。が、少し前まで、わたくしの塚はすべて排除されていた。

お塚の歴史はそう古くない。

盛んになったのは、幕末以降だ。

大社側はそれを憂慮して、明治二年（一八六九）には停止取り払いの制札を立てている。

『神社としては何よりも崇敬者の勝手な振舞いによって、永く清浄に保ち継承されてきた伝統的な「塚」＝神蹟を取荒されることを最も恐れていた』（前掲書）

伝統的な「塚」というのは、中世に下・中・上ノ塚などと示されていた「七神蹟」を表す標石のことだ。その神蹟《しんせき》に対して、「勝手な振舞い」にて「清浄」が荒らされると書かれるのが、私的なお塚だ。

大社側がいかに迷惑し、胡散臭いものと思っていたかよくわかる。

ゆえにお塚の排除は続いたが、何にしろ稲荷山は広い。目の届かないところで塚は増え、それを神社側が排除するという鼬《いたち》ごっこが暫く続いた。

だが、明治四年（一八七一）、社殿などが建つ部分を除いて、稲荷山は国有地になった。そのことから大社側の管理が及ばなくなり、神蹟である伝統的な「塚」周辺には、お塚が次々と据えられていった。

その後、土地の一部返還が叶い、紆余曲折《うよきょくせつ》を経て、明治三十五年（一九〇二）、遂《つい》に大社はお塚を認知することになる。

もっとも、当時は新規のお塚は認めないという方針だった。しかし、これも結局、なし崩しになり、現在に至っているというわけだ。

その数、なんと一万基以上。

すべてが「私の〝何某稲荷大神〟」だ。

無論、その全部に霊的な背景があるというわけではないだろう。

だが、考えてみてほしい。

お塚を建てるには少なからぬお金が掛かるし、維持管理も大変だ。個人にしろ、講という集団にしろ、生半可な気持ちでできることではない。

社寺で手を合わせるだけでなく、一般人がそういった行為に足を踏み出すのは、相応の信心がなければ不可能だ。

たとえば、私がお姫様の姿をしたお稲荷様を視ても、講社を作ろうとは考えない。崖の上から覗いたお狐様に名前をつけて、お塚を建てようとも思わない。

自分は信心深いほうとは思うが、それでも既存の社寺参りから一歩踏み出す勇気は持てない。

一般人が堅固な信仰心に目覚める理由のひとつは、インパクトにある。そして、そのインパクトの大半は、己の願いが叶《かな》ったり、助けを得たりという、御利益や御陰を実感したことから始まる。

お塚を建てた人達は、どうしても稲荷信仰の総本山に、己に縁あるお稲荷様の名前を刻みたかったのだ。そこにはそれ相応の理由があるに違いない。

稲荷山山頂を正面に見て左、いわゆる裏参道周辺には宗教法人の施設が並ぶ。

軽く地図を眺めただけでも、神道仏教を問わず、様々な施設の名前が確認できる。

皆、伏見稲荷大社とは異なった、独立した宗教法人だ。

これを新興宗教と言ってしまうと、一気に怪しい感じになるが、皆それぞれの教義を掲げながらも、稲荷山にお塚を祀っている。

彼らにとってのお塚とは、一体なんなのだろう。

伏見稲荷大社にとって、それは神蹟を表す標石だった。しかし、霊狐としてのお稲荷様と縁を持った人々にとって、そのニュアンスはちょっと違う。

再び、シゲノの言葉を引いてみよう。

『私の守護神は白高さんで、私はその白高さんのオダイですが、これはきわめて特別な関係であります。神さんの方がご自身のオダイを探しあてられるのに対して、オダイの方は自分の死後自分に代わってその守護神のオダイとなるべき後継を見つけるというさだめになっているのですけれども、このさだめに従うことはほとんど不可能に近いのです。実際、神さんにしましてもオダイにしてもそれぞれが唯一無二のものでありまして、ひとつひとつの場合が他の場合とは多少とも必ず違ったものなのです。守護神の世話をする人がひとりもいなければ、その神さんは元の住処に、たとえば稲荷山や滝寺といったところに戻ってゆかれます。神さんの帰り着く先は、かつてオダイがその神さんをはじめてお祀りしたお塚にほかなりません。お塚とは神さんにとってまったくお墓のようなものです。』

白高大神のお塚は奈良にあるので、これが伏見においても一般的な考えかどうかはわからない。しかし、「私の〝何某稲荷大神〟」が伏見稲荷を故郷とする証がお塚なのは確かだし、もしかすると、シゲノの言うとおり、神の墓でもあるのかもしれない。

一体、誰が最初にお塚を建てたのか。

誰が最初に、神の狐を身に降ろしたのか。

今となっては知る由もない。

だが、これらは過去のものでもなく、また私達の日常とかけ離れた世界の話でもない。

東京スカイツリーにもほど近い墨田区錦糸町駅の側に、五徳山江東寺、通称『江東観世音』という寺院がある。

近隣にはパチンコ屋や場外馬券売場が並び、雑多な雰囲気を漂わせている。その中、江東寺はこぢんまりとしていながらも、正統な佇まいを持して建っている。

江東寺は坂東十六番札所水澤寺の別院なのだが、当地に別院が建立された経緯が少し変わっている。

なんと、このお寺は清昌稲荷大神というお稲荷様の「御神勅」によって建てられたのだ。

昭和七年（一九三二）二月十一日に、清昌稲荷大神は楳原妙昌尼《うめはらみようしように》の体に降りた。以来、戦争を経て、昭和三十一年（一九五六）に妙昌尼が亡くなるまで、清昌稲荷大神は政局を予言し、民を助けて、人々の運命を導いた。

先代のご住職——妙昌尼の許《もと》で育てられた山本観月師は語る。

「私は小さかったので、清昌稲荷さんの言葉はよくわかりませんでしたが、非常におごそかな話し方だったのは強く印象に残ってます。いえ、狐じゃありません。妙昌尼さんによると、清昌稲荷さんは緋袴《ひばかま》を着けた巫女の姿、若い女性のお姿をしていたらしいですよ。ええ。お稲荷さんは本来、狐ではないです。

ともかく、当時はいろんな人が来ましたね。神懸かりの現場を収めようと、放送局の人もやってきました。けど、面白いことに、そのときになると録音機が回らないんですよ。何度やってもダメでねえ。あれは不思議に思いましたね。

また、信者さんから聞いた話ですが、今、名人と呼ばれている噺家《はなしか》の金馬師匠の親御さん、この方々も清昌稲荷さんのところに来てました。それで、息子は噺家にしたほうがいいって、神様から言われましてね、それで、そっちの道に進ませたんです。そうそう、私の僧名もね、清昌稲荷さんがつけたんですよ」

江東寺には、清昌稲荷の「言葉」を残した日記体裁のノートが残っている。

ここにすべてを紹介することはとても無理だが、第二次世界大戦が始まった翌年の記録は、まさに未来を見通すお稲荷様の力を実感するものだ。

昭和十五年　十一月四日
『凡夫の眼の前でバタバタと斃《たお》れるのを見た時ハ、如何なる凡夫までも命の有り難さを知るであろう』
『観世音に尽くしたことが無駄でなかったことが五年後に（昭和二十年）まざまざとわ

かるときが来る』

昭和十六年　十月四日

『只々空襲があるとのみ思ふなよ　地からも恐ろしいことが湧き上がるのだ』

ずばりと五年後の終戦を言い当て、原爆を予見するような言葉を発しているのが凄まじい。

また、昭和十七年（一九四二）には、記録者のメモとして、こう記されている。

『四月十八日　空襲第一回　清昌様へ予言の的中と平素の御諭により泰然たることを得たりと御礼申し上げ』

予言の的中などというものは、後付けの解釈次第だと言うのは容易《たやす》い。が、清昌稲荷の言葉によって、どれほどの命が助かったのか。

想像すると、鳥肌が立つ。

一体、神はなんのため、我々の許に来るのだろうか。

観月師が清昌稲荷から直に伺った話によると、神々もその位を上げるためには修行が必要なのだという。

そのひとつが、世を助けて人を救う、仏教用語でいうところの衆生済度《しゆじようさいど》を行うことだ。

お稲荷様が人に憑き、人の言葉を使ってご神託を下すのは、個々の人間に対応する最速で最短の方法だ。

清昌稲荷はそうやって自ら人に接したのみならず、新たな観音霊場を錦糸町に出現させた。

観世音菩薩の誓願は、まさしく衆生済度にある。

その功により、清昌稲荷大神は大いに位を上げ、そして、

「伏見にお塚が建ったのです」

観月師はにこっと笑った。

お塚はお稲荷様達の故郷であり、墓であり、同時に、神としての正当な働きが認められた証でもあるのだ。

清昌稲荷大神のお塚は、伏見三ノ峯にある。玉垣には、噺家や講釈師の名前が刻まれ、遠く九州や大阪の地名が記された鳥居も奉納されている。

彼らは清昌稲荷から、どのような言葉を頂いたのか。

今、我々がそこに佇んでも、窺うことは叶わない。

江東寺に参拝しても、まさか、このお寺が尼僧に懸かったお稲荷様によって建てられたものとは思うまい。

清昌稲荷は江東観世音の境内に祀られている。しかし、そこを覗いても、見えるのは普通の稲荷神社だ。

「どうして、外の説明板に妙昌尼さんのことを書かないのですか?」

私は観月師に訊いた。

「だって、そうでしょう。こんなことがあっただなんて、今は誰も信じませんから」

そう言って、師は眉尻を下げて微笑《ほほえ》んだ。


日本中の稲荷神社のどれほどが、人の口を借りて、人を救ったか。

一万基もあるというお塚の中に、どれほどの物語が眠っているのか。

そのほとんどは、人という儚《はかな》い器の消失と共に忘れられ、神は形而上《けいじじょう》学的な記号としてのみ認識される。

現在、白高大神の霊場は朽ち、一部では心霊スポットとして扱われているという有様だ。

それらは確かに胡散臭いものかもしれないし、稲荷信仰という点から見ても正統ではないのかもしれない。が、数多《あまた》の霊狐が人の口を借り、数多の人がその言葉によって救われたということは事実だ。

最古の動物神・狼は、自然と人間社会との距離感が、ひとつの要諦《ようてい》だった。

最多の動物神である狐は、自ら人の世界に関わり、積極的に人と交わる。

霊狐の影を慕うなら、野山に出かけることはない。

町の中、村の外れ、稲荷神社はどこにでもある。

境内に入って手を合わせれば、やはり感じるのは神々しくも怪しいお狐様の気配だ。

何も視ることは叶わずとも……それこそが、そこに霊狐がいる何よりの証拠なのだろう。

（二）

狐が人に憑いた場合、人に益する存在は「神懸かり」と呼ばれ、人を悩ませるモノは「狐憑き」と称される。

前節では、主に「神懸かり」を取り上げた。残るは悪しき「狐憑き」だ。

但し、憑くという現象は、肉体にナニカが入り込み、人格を変えるものばかりではない。また、善悪で色分けできるとも限らない。

霊などが側にいる、背後にいるということも、日本人は「憑く」と表現してきた。

たとえば、「昔、家にいた犬があなたに憑いている」という言い方がそれだ。

犬を愛していた人ならば、そう聞けば、嬉しく、優しく、ときによっては頼もしい存在に思うかもしれない。

逆に、「昔、苛めた犬があなたに憑いている」と言われれば、身に覚えのある人は、それが飼い犬であってもゾッとするだろう。そして、怪我《けが》が多いのはそのせいなのか、などと悩むに違いない。

動物だけの話ではない。人の霊魂が憑くのも同様だ。

取り憑いたモノが悪しき霊なら、死霊だの生霊だの言われ、祓いの対象になる。しかし、それが良いモノなら、守護霊という言い方になる。

つまり、見えないナニカが、体の内側あるいはすぐ側にいて、人生に多少なりとも影響を与える――それが「憑く」という感覚なのだ。

運を表す「ついている」「ついてない」「つきに見放された」「つきを呼び込む」等の表現も、本来は憑依《ひょうい》を表している。そして、これらの言い回しも、ナニカが我々の運命に介入することがあるという認識が下敷きになっている。

そんな憑きもの達の種類は様々だ。だが、今は狐に的を絞ろう。

人格を支配する狐憑きに関して言えば、その歴史は大層、古い。

化ける狐の話同様、最古の記録は『日本霊異記』にある。

下巻の二話「生ける物の命を殺して怨《あた》を結び、狐と狗とになりて、たがひに相報ゆる縁《えに》」というのが、それだ。

タイトルは長いが、要は殺された狐が恨んで、男に取り憑くというものだ。取り憑いた狐は、男の口を借りて、「私は狐だ」と名乗っている。

また、狐の憑依は『源氏物語』にも記されている。

「若菜（下）」にて、絶命した紫の上の蘇生を試みる祈禱の間、憑坐となった女童《めのわらわ》に物の怪が乗り移る。

正体は六条御息所の死霊なのだが、光源氏は半信半疑でこう語る。

「本当にその人なのか。悪い狐などというものが亡くなった人を傷つけるため、でたらめを言うこともある。はっきりと名乗りなさい。他の人の知らないことで、私だけが合点のゆくことを言ってみよ。そうすれば、少しは信じよう」

この言葉には、狐憑きの存在と、その真偽を確かめる方法が含まれている。

平安時代、既に我々は狐は人に憑くものだという認識を持っていたのである。そして、その感覚は、現代にまで続いている。

もう随分前の話になるが、某パーティの席で、私はひとりの男性から相談を受けたことがある。

「僕の知り合いなんですが、半年くらい前から、おかしいんですよ。やたらと羽振りが良くなって、ギャンブルは大勝ち、女にはもてる、臨時収入には事欠かないといった感じでしてね」

「それは羨《うらや》ましいですね」

「僕もそう思います。ふたりとも普通の会社員だったのに、気がついたら、向こうは金持ちになっていて……それで、ついに会社を辞めてしまったんです。新しい仕事を始めたという話もないし、なんだか気になったので、少ししてから、そいつを呼び出したんですよ。飲もうという話にしてね。そうしたら、びっくりするほど窶《やつ》れてまして。いや、本人、相変わらずハイテンションで元気なんです。ただ、げっそりしてて、目だけがギラギラしている様子なんですよ。理由を訊いても、最初の頃ははぐらかしてばかりだったんですが、酒が入ったら、漸《ようや》く彼は事情を話してくれたんです」

私の隣に座った彼は、声を潜めて先を続けた。

「なんでも、あるときから、突然に声が聞こえるようになったそうです。その声は、彼が考え事をしたり、悩んでいると、答えを教えてくれるんです。元々、競馬が好きだったんで、彼はあるとき、その声のとおりに馬券を買った。そうしたら、大穴が来ましてね。以来、馬はもちろん、株や女の攻略法まで、声に尋ねて、そのとおりにすると望み通りの結果になる、と」

「それは、すごい。声の主は一体、何なんですか?」

「狐だそうです。九尾の狐と名乗っている」

「……へえ」

「それで、最初は会社まで辞めちゃうほど浮かれてたんですが、次第に声が大きくなって、四六時中、喋りかけてくる。もっと望みはないか、どんなことでも叶えてやるって、寝ている間も言われ続けて、まともに眠ることもできなくなった、と。僕と飲んでいる今も、その声が脇で騒いでいる。そして、もう最近は怖くなってきたと言うんです。縁を切りたいらしいんですが……。何かいいお祓い方法とか、霊能者とか知らないですか？」

「うーん。さんざ、いい思いをしておいて、もういいってのは、虫が良すぎると思うんだけど」

「ですよね。でも、心配なんです。このままじゃ、死ぬんじゃないかと思って」

「まあ、確かにヤバイ感じはしますね。……その狐、どんなことでも叶えてやるって言ってるの？」

「そうらしいです」

「だったら、『黙れ』って言ってみたら？」

「は？」

「『黙れ』または『出ていけ』って。それはダメだって返してきたら、『何でも望みを叶えると言ったのに、嘘つき』と言って、追い払うのね」

昔話で、似たようなパターンがあったはずだ。

私はそれを思い出して助言したのだが、彼はもっと霊能的な方法を期待していたようだった。そのため、結局、釈然としない顔のまま、彼は席を立ってしまった。

その後、どうなったか、私は知らない。

ただ、民話のような話が、現実に起きているというのは印象深かった。

聞こえた声が、何なのか。生憎、私にはわからない。

九尾の狐を名乗るなど、烏滸《おこ》がましいとは思ったが、実際、男がお金や女性に不自由しなくなったのならば、それはそれで力のある存在ということになるだろう。

その狐は一時期、確かに、男にとっては福の神だったに違いない。だが、お節介の度が過ぎたため、悪しき存在として疎まれるようになったのだ。

これには、逆のパターンもある。

典型的な話を要約すると、こんな感じだ。

ある人物が原因不明の病に倒れる。または奇妙な行動をし始める。油揚げや鼠《ねずみ》の揚げ物を欲しがったり、四つん這いで歩き回ったり、箸《はし》を使わず、ものを食べたり。

周囲の人々は困惑するが、誰かが聞き質《ただ》すと、当人は「狐である」と正体を明かす。

「某村にて祀られていたが、社がなくなり、仕方なく、この者に取り憑いた。社を造ってくれれば、ただちに離れて、今後、この村を守護しよう」

要望通りに社を建てると、病人は何事もなかったように平癒する……。

憑きものが善神に変わった例だ。

とはいえ、すべてがこのように、うまく終わるわけではない。

知り合いから「叔父さんの話」として聞いた話では、途中までは同じだったが、結末が違った。

「人に取り憑いておいて、神社を建てて自分を祀れとは何事だって、叔父はすごく怒ってね、『何、言っているんだ！　図々しいにもほどがある。今すぐ出ていけ！　この野良狐がっ！』ってものすごい声で怒鳴ったら、窓ガラスがバーン！　と鳴って、取り憑かれていた人はばったり倒れて……。気づいたときには、その人はすっかり元通りになっていたんだって」

要求は同じでも、憑いた狐が悪だという認識のまま、退散することもあるらしい。

だから、狐憑きはこう、神懸かりはこう、と厳密に色分けするのは難しいのだ。

稲荷社そのものも、そこに祀られている神が、人を脅して衣食住を確保した野狐なのか、正統なお稲荷様なのか、我々にはわからない。

憑いた狐を落とすお狐様もいる。

昔から、江戸で有名だったのが、墨田区の妙見山《みようけんさん》別院だ。

ここは東京唯一の能勢《のせ》妙見山別院であり、勝小吉《かつこきち》と海舟《かいしゆう》親子が信仰していたことでも有名だ。

こぢんまりとした境内には、鴎《かもめ》稲荷大明神のお社がある。

そこで出されるお札、通称「能勢の黒札《くろふだ》」は狐憑きに効くとされ、江戸時代は全国から札を求めに来るほどだった。

掌《てのひら》に載るほどの小さなお札は、外袋に九字と「除魔黒札」の文字、中には墨で塗り潰した呪符《じゅふ》が入っており、大きさに似合わぬ迫力を持つ。

現在、能勢の黒札にどれほどの需要があるかは不明だが、今でも毎年四月の祭礼のとき、参詣者に授与される。

そういえば、前節に記した江東寺の清昌稲荷神社も墨田区だ。本所七不思議の舞台でもあるこの界隈《かいわい》は、社寺もまた強い個性を持つのだろうか。

ともあれ、狐にも個性・得意技はある。そして、人との関わり方によって、善悪は容易に逆転する。

しかし、そのすべてが曖昧な立場を取っているわけではない。

白高大神のごとく、動物的な行動を取りつつも、厳然たる善神である場合もあるし、魔としか言いようのない狐も存在する。

三十年近く前、考古学者から聞いた話が、私はいまだに忘れられない。

その人は神宝の研究をしていて、竜の鱗《うろこ》と言われるものは、大概、ホタテ貝の化石だ

し、竜の爪は鮫の歯の化石がほとんどだという話をした後、

「でも、一度だけ、どうしても、わからないものに出会ったことがあるんです」

秘密めいた声で語った。

場所は教えてくれなかったが、地方の神社での出来事だという。

そのときも、彼は神社に伝わる宝物類を調べていた。

調査を終えて、帰りの支度をしていると、何やら慌ただしい気配が伝わってきた。一緒にいた神職に訊くと、彼は時計を見て言った。

「これから、狐に憑かれた子供が来るんです。ご興味があるなら、見ていきますか？」

あるとき、突然、息子の様子がおかしくなって、獣のような振る舞いをする。言葉も話せないし、二本足で立つこともない。様々な病院を訪ねたが、どこに行っても治らないため、ついに両親は神に縋《すが》ることにしたのだ、と。

興味はあったが、専門外だし、ほかに予定もあったので、彼は帰ることにした。

外に出ると、一台のバンが停《と》まっている。そこから、ちょうど、大きな檻《おり》が運び出されるところだった。

濁った唸り声が耳に届いた。見れば、檻の中には中学生くらいの少年が入っている。遠目にも、髪がざんばらで、服もすっかり引き裂かれているのがわかった。

両親らしい男女が窶れ果て、神職に頭を下げている。

彼は驚いて、通りすがりに少年の顔をまじまじと見た。

「当然、重度の精神疾患だと思ってました。あの目を見るまでは……。今でも信じられないんですが、人の目ではなかったんです。夕陽を受けたその子の目は、瞳孔が針のようにね、縦に細くなっていたんです」

果たして、憑きものは身体の構造をも変えるのか。そこまで変化した肉体から、憑きものを取るとどうなるのか。

ある霊能者は、憑きものを祓うことで、場合によっては廃人になったり、死んでしまうこともあると語った。

考えてみれば、肉体が魂の器なら、今、こうやって思索している我々自体、人の肉に住み着いた憑きものであるとも言えるだろう。その容器に隙間《すきま》があれば、ほかのモノが入り込むのは、なんら不思議ではないはずだ。

だが、入り込む、という点で、狐憑きはやはり薄気味悪い。

とはいえ、これは憑きもの全般に言えることだし、狐の専売特許というわけでもない。

狐の得意技は他にもある。

「化かす」ことと「騙す」ことだ。

狸《たぬき》も似たような力を備えるが、こちらはのちに譲りたい。

化ける狐における古い例は、（一）に記した『日本霊異記』だ。『源氏物語』では「若菜（下）」のほか、「手習」にも『狐の人に変化《へんげ》するは昔より聞けど』と記されている。

憑く狐同様、化ける狐への認識も、我々は古くから持っていたのだ。

狐が女などに化ける話は、どんな地方の民話集にも、ひとつふたつは載っている。たとえ、それらすべてが一時的な妄想や幻覚の結果だとしても、日本人がそのことを猪でも烏《からす》でもなく、狐と結びつけてきたことは興味深い。

もっとも、最近、化ける話は滅多に聞かない。が、騙される話はまだ身近にある。

まさに、この原稿を書く数日前、私は友達からこんな話を教えてもらった。


「この話は以前にしましたっけ？　京都の知り合いなんですが、彼女は小さい頃、宝ヶ池の側に住んでいたんですって。私は行ったことがないんですが、その池は貸しボートとか遊園地もあって、賑やかな公園みたいなところらしいですね。彼女はときどき、その遊園地に遊びに行っていたそうです。

小学校が夏休みになったある日、彼女は遊園地で遊び、いつもどおり池を回って、家に戻ろうとしたんです。ところが、普段は子供の声とかで騒がしいのに、その日に限って、どういうわけか誰もいなくて、しんと静まりかえっている。おかしいな、と思いながらも、慣れた道を歩いていくと、やがて貸しボート乗り場に出た。彼女がそこをふと見ると、なんと、池の上に、水面が隠れるほどびっしり……数え切れないほどのボートが浮かんでいる。そして、そのボートのひとつひとつ、全部のボートに、同じ顔、同じ服装をした男の人と女の人が直立して乗っていたんですって。

カップルは皆、無表情で、じっとこちらを見ていたそうです。彼女はぎょっとしたものの、じろじろ見るのも怖かったから、そのまま通り過ぎたそうです。

暫く行くと、いつものアイスクリーム屋さんが見えてきた。夏だし、暑かったので、彼女はアイスクリームを買おうと思って、『おばちゃん』と声を掛けた。けど、なぜか、お店の人はまったく振り向いてくれないんです。何度呼んでも見てくれなくて、彼女は到頭、おばさんの真ん前に立って、『おばちゃん！　アイスクリーム！』と怒鳴ったそうです。そうしたら、おばさんは跳び上がってね、『うわ、びっくりした。脅かさないでおくれ。いきなり湧いて出たみたいだったよ』そう言って、彼女をしげしげと見た。変なの、とは思ったけど、無事にアイスクリームを買って食べ、彼女は漸く自宅に着いたんです。

ちょうど、お祖母《ばあ》ちゃんが外で誰かと立ち話をしている最中でした。だから、彼女は近づきながら、『お祖母ちゃーん』と手を振ったんだけど、これまた、全然こっちを見てくれない。『お祖母ちゃーん！』何度呼んでも、気がつかない。仕方ないから、アイスクリーム屋さんのときと同じく、目の前に立って『お祖母ちゃんっ！』って、大声を出すと、また、お祖母ちゃんも跳び上がって驚いた。『わっ、驚いた。なんだい、いきなり湧いて出たみたいに』何度も何度も呼んだんだよ、と半ベソで彼女が訴えると、お祖母ちゃんは『ん？』と彼女の姿を見て、『ちょっと、おいで』と、彼女を招いて、仏壇の前に座らせたそうです。それで、塩入れを持ってきて、ざっと塩を振りかけた。びっくりしてわけを尋ねると、『だって、お前、尻尾が生えてたよ』お祖母ちゃんはそう言ったそうです」

いつ取り込まれたのかは不明だが、姿も見えず、声も聞こえなくなった女の子と、その不思議をこともなげに解決する祖母の鮮やかな対応が、話としても非常にうまい。もっとも、実話というのが、何よりもインパクトが大きいのだが……。

ちなみに、体験者に確認したところ、幼い少女が通ったという宝ヶ池に通じる道の名は、「狐坂」だという。

狐坂は京都市左京区松ヶ崎狐坂という住所として、今も残っている。

ここが狐坂と呼ばれた理由は、過去にも彼女のような体験をした人がいたためなのだろうか。

狐は騙すだけではない。

彼らは往々にして異界に通じ、自分達の世界に人を取り込む。
もうひとつ、別の友達から聞いた話を記そう。
舞台は東京の下町だ。

「うちの裏にある煉瓦塀《れんがべい》は、戦争で焼け残ったものだから、かなり古いものなのね。近くに、お稲荷様があったせいなのか、ときどき、その塀の上を狐がトコトコ渡っていくの。結構、みんな見ているよ。兄弟も、親も目撃している。その塀と隣の家の間には、子供が通れるほどの隙間があってね、ずっと行くと、公園に出る。ちょっと秘密の抜け道みたいな感じでね、小さい頃はよく塀伝いに、公園まで遊びに行ったのよ。
ある日の夕方、姉とふたりでそこを通って、いつも通り、公園に向かったの。ところが、出たのは知らない公園。……いや、なんとなく覚えがあるんだけど、馴染《なじ》みのないところでね。もちろん、知った顔もない。しょうがないから、姉とふたりで家に戻ろうとしたんだけど、今度は帰り道がわからないの。もう、夕暮れ近くで、ちょっとだけ遊ぶつもりだったのに、変なところに出たから焦ってしまって、ふたりで帰り道を探して歩いた。ここも知らない、あそこも知らない。ヘトヘトになっても、わからない。誰かに訊けばよかったんだけど、なぜか、町に人気《ひとけ》がないのよ。それでもう、泣きそうになったとき、姉が『あそこの道は知っている！』と叫んで、私の手を引いて、路地に走り込んだの。そうしたら、ぱっと景色が変わって、家のすぐ前に出た。なんと、道を探していたときは、ずっと夕方……思えば、おかしいんだけど、ずっと夕方だったのに、家の前に出たときは、もう真っ暗になってたの。しかも、玄関先にお巡りさんとかがいて、両親がおろおろしている。捜索願いを出すところだったんだって……。午前零時近かったのね。まあ、さんざ怒られたけどね。ふたりで事情を話して、結局、狐に化かされたという話になったの」

両方とも、電話もなかったような時代の話ではない。昭和も後半の頃の話だ。

憑く狐は対象者の日常生活や人生に侵入するために、恐ろしいし、ときには命の問題にも発展する。

だが、騙し、化かす話というのは、薄気味悪いが、一過性の非日常的なイベントだ。場合によっては、笑い話にもなってくる。

また、憑く場合は、往々にして要求や目的があるのだが、化かす話は、何のためにそういうことをするのか、まったく意味がわからない。

彼ら体験者がそのまま異世界から戻れなければ、話は神隠しとなるかもしれない。が、それでも、目的は見えてこない。

加えて、疑問に思うのは、憑く狐と騙す狐は別物か否かということだ。

私は今回、霊力のある狐は存在するという前提で、話を進めている。

錯覚も錯乱も妄想も、皆、狐のせいとして、その上で調べてみたのだが、どういうわけか、人に取り憑く狐と異界に誘う狐が同一であるという話は出てこなかった。

それだけの霊力を持っているなら、どちらもできそうな気がするのだが……。

人の眼差しが疎《おろそ》かなのか、それとも、霊的な狐達には個性以上の区別があるのか。まだまだ、わからないことは沢山ある。

ただ、多面性を持つということは、それだけ霊狐達の世界が豊かだという証拠だろう。

神の狐、神になりたがる狐、肉体を変えるほど魂に食い込む狐、ボートでデートしている狐……。

今回はあまり資料に頼らず、人から聞いた事例を多く引いたが、私の手元に集まった話は、これがすべてではない。すべてを記しきれないほど、狐の話は多いのだ。

それらを反芻《はんすう》して思うのは、狐は今この瞬間も、人と関わり続けている——私達のすぐ側にいるということだ。

神として。魔として。

姿無き数多の霊狐らは、我々の隣で我々が視線を向けるのを、静かに、じっと待っている。

竜蛇の部屋

竜と蛇を一緒に語ることに対して、齟齬《そご》を感じる人もいるだろう。だが、どうも、日本人は昔から両者を近く見ていたようだ。

「蛇踊り《じやおど》」と言いつつ、姿は竜そのものの踊りがあったり、「神竜」と呼びつつ、蛇そのものの姿をした縁起物もある。

実際、「竜蛇」という言い方があるごとく、日本では格の高い蛇に「竜」という呼び名を与えていた節がある。

とはいえ、「安珍清姫伝説《あんちんきよひめ》」では、清姫は蛇身に変化したと記されているにも拘わらず、絵巻『道成寺縁起《どうじようじえんぎ》』の蛇は竜に近い姿で描かれている。

単語と、単語が示す姿において、両者の混同は甚だしい。

たとえば、弁才天は「巳《みい》さん」という呼び名があるとおり、一般的には蛇を眷属とする。しかし、日本三大弁才天のひとつ、厳島《いつくしま》弁才天では、神の眷属は竜となる。

弁才天はヒンドゥー教から仏教を経て、神道でも祀られるようになった神であり、水と強い関わりを持つ。そのため、ヒンドゥー教のナーガ神であるコブラ、大陸の竜などのイメージが投影されたのかもしれない。が、これも実際のところはよくわからない。

混同、相似はほかにもある。

暦の本によく載っている十二支の守り本尊も、辰年・巳年生まれは共に普賢菩薩《ふげんぼさつ》とされている。人頭蛇身の宇賀神《うがじん》も、竜の一族だ。

区別がつかなかったのか、わざと交ぜたのかは不明だが、竜自体は渡来の神獣だ。日本に元々あった蛇に対する信仰に、似たような形を持つ竜神が上乗せされて考えられてきたというのが正解だろう。

実際、両者には多くの共通点がある。とはいえ、いつまでもふたつを一緒に記していると、わけがわからなくなってくる。一旦、切り離すことにして、まずは竜を見てみよう。

竜は渡来の神獣だ。

天地や河川、大海を住処とし、自在に雷や嵐を呼び、竜巻にも変化する。

その姿は、角は鹿、頭は駱駝《らくだ》、眼《め》は鬼または兎、項《うなじ》は蛇、腹は蜃《しん》、背中の鱗は鯉《こい》、爪は鷹《たか》、掌は虎、耳は牛に似るという。

一般的に、東洋の竜は善であり、西洋の竜は悪とされるが、個人的には頷けない。Dragonと竜は、本来、別のものだろう。

日本の神と英語の God がまったく異なる存在であるように、翻訳をするときに「竜」という単語を選んだために、齟齬が出てしまったのだ――私はそう考えている。

今の日本人は、竜というと中国神話や神道的なイメージを持つ。しかし、実は一番多くの竜神を抱えているのは仏教だ。

仏教の経典には、龍王・龍女・善竜・悪竜などの文字が記されている。また、天竜八部衆に所属する竜族の八王、即ち八大竜王も、仏教に属する神である。

八大竜王は仏法を守護する働きを持つ。その眷属の竜達は、経典中には「幾千万億」と記されている。

灌仏会《かんぶつえ》のときに用いる甘茶は、釈迦《しやか》誕生時、八大竜王（または、ふたりの竜王）が空から甘露の雨を降らせたことに由来するとか。

東京の高尾山《たかおさん》には八大龍王堂があり、そことは別に沙伽羅《しやから》竜王と、沙伽羅竜王の三女で、八歳になる青龍大権現も祀られている。

日本刀の飾り彫りでよく見る倶利伽羅《くりから》竜王は、八大竜王には属さない。この竜王は、不動明王が変化した姿のひとつだ。その形象も教典には細々《こまごま》と記されているのだが……堅苦しいのでやめておこう。

仏教の竜達は数こそ多いが、そのエピソードは若干、のびやかさに欠ける気がする。

ただ、そうはいっても、寺院の天井画や襖絵《ふすまえ》には、多くの素晴らしい竜達が描かれている。「幾千万億」いるという八大竜王の眷属だろうが、彼らの姿に日本人が惹きつけられてきたことは間違いない。

竜にはいくつもの種類があり、天竜・地竜・雨竜など、自然を司《つかさど》るもののほか、翼のある飛竜、馬の脚を持つ竜馬、天に昇らない蟠竜《はんりよう》などがいる。

また「竜生九子《りゆうせいきゆうし》」といい、竜には九体の子がいるとされる。

名前にはいくつか異同があり、読みにも変化があるようだが、一般的な名称は、長男から、贔屓《ひき》・螭吻《ちふん》・蒲牢《ほろう》・狴犴《へいかん》・饕餮《とうてつ》・蚣蝮《はちか》・睚眦《やず》・狻猊《さんげい》・椒図《しようず》となる。

その形は親の竜に似るものもあれば、虎、亀、魚に似ているものもあるなどまちまちだ。性格やいわゆる御利益などもそれぞれあるが、くどくなるので割愛したい。興味のある方は、専門書に当たって頂きたい。

九子のうち、睚眦は殺害を好むことから、魔除けとされた。饕餮は古代中国の青銅器や玉器の装飾に、饕餮文として用いられてきた。「饕」の字は財産を貪《むさぼ》る意、「餮」の字は食物を貪る意から、魔をも喰らうと解釈されて、これも魔除けに用いられるようになったという。

しかし、青銅器などでは、饕餮のみがピックアップされて、祭具に多用されている。

九子の中には、本来、別系統だった神獣も交ざっている可能性がありそうだ。

中国における竜は天子や貴人のシンボルであり、また万民を守護する神獣でもあった。

守護される者の身分によって、竜は爪の数が異なっていた。

即ち、天子は五本爪、四本爪は貴族、三本爪は士族、二本爪は臣民、一本爪は卑民を守護するとされたのだ。五本爪の竜の意匠を一般人が用いることは禁じられたが、今はそんな規制もない。

日本における竜は、人の権威というよりも神威の象徴として多用された。

『東照宮再発見　謎と不思議（改訂版）』（高藤晴俊著　日光東照宮社務所）によると、日光東照宮には陽明門や拝殿など十三棟の建物に、一般的な竜と飛竜、竜馬を合わせて計百五十九体もの竜の彫刻があるという。

すごい数だが、もちろん東照宮に限らず、竜の姿は全国の社寺で、普通に拝める。小さな神社でも、手水舎《ちょうずや》の口の造形に竜を用いているところは多い。

竜は実体を持たないが、我々は様々な造形を通して、その姿をよく知っているのだ。

神道的な竜の代表は九頭竜大権現《くずりゅう》だ。

戸隠《とがくし》神社奥社の九頭龍社、箱根の九頭龍神社が有名だが、九頭竜そのものの性格となると、なぜか非常に摑《つか》みづらい。

地名は各地にあるのだが、伝承のないところも多く、また残っている伝説も、悪竜が改心したという、ステレオタイプのものから出ない。実は八岐大蛇《やまたのおろち》だとか、古代の國栖《くず》族に所縁《ゆかり》があるとか、色々な説が存在するが、いずれも一研究者の解釈以上のものではない。

どうも、カッコイイ名前だけがひとり歩きしている感もあるのだが……。

日本人は竜が好きだから、九頭竜の名称に強く惹かれているのかもしれない。私としても本当なら、九頭竜についてきちんと語りたいのだが、ない袖は振れぬ。もちろん、私の勉強が足りないだけということもある。この件に関しては、得心のいく説が出てきたら、改めてお伝えしたいと思う。

ともあれ、竜の世界は広い。

竜は大陸で生まれたが、その形象は既に弥生《やよい》時代から日本に伝えられていた。渡来のものとはいえ、既に二千年近く、我々日本人は竜の姿を見てきたのだ。

弥生時代の土器に描かれた竜の絵画は、現在、日本全国で八十以上が確認されているという。

平成二十五年（二〇一三）にも、今治《いまばり》市の新谷森ノ前《にやもりのまえ》遺跡から、雌雄二体の竜が描かれた壺形土器がほぼ完全な形で出土している。

これは、水害で土砂が溜まった谷にある溝から出土したために、研究者達は、水害を鎮める祭祀《さいし》に使われたものではないかと推測している。

この場合の竜は、水を司るものだ。

様々な名称の竜がいることからもわかるように、竜の役割も多岐に亘《わた》っている。

ごく大雑把に分けると、貴人のシンボル、神として自然界や天命に影響を及ぼすもの、そして四神の青竜など、方角を表すものがある。

現代風水では、四神をはじめ、竜の置物が多用されるが、風水師に伺ったところ、風水に則って配置した竜は、仏像やご神体のごとく崇める必要はないという。

「私達風水師は気を重視します。生き物や自然には、それぞれ固有の気があります。竜は架空の動物ですが、見ればわかるように、その原型は蛇ですよ。蛇は水とお金を招きます。でも、昔の中国人はそれでは満足しなかった。運をもたらす蛇の気をもっと強くしようと考えたんです。それで、様々なタイプの気を持つとされる現実、架空の動物達を繋《つな》ぎ合わせた結果、あのような形になったんです。もちろん、粗末に扱うことはないです。水を供えたりもします。でも、竜は神そのものではないんです」

四神としての青竜もまた、あくまで方位を示す記号にすぎないのだとか。

合理的な考え方だ。

しかし、神を視る人がいるように、竜を視たという人もいる。

私が聞いた中で一番印象的だったのは、雲間に去りゆく竜を視た日に、昭和天皇が崩御したというものだ。その竜は全体が摑めないほど、巨大なものであったという。

竜というモノが実在するから、それが形になったのか。それとも、風水師の語ったごとく、気を象徴する動物を組み合わせた結果として、竜ができあがったのか。

生憎、わからないけれど、偉大な神獣の代表として、竜が認識されているのは間違いない。

一方、生理的に受けつけない人も多いのが、蛇だ。

竜と蛇は近似値にあるが、想念の中でいくらでも美しくなれるものと、意思の疎通の図れない自然の動物との差は大きい。

蛇は実在の動物なので、殺すと祟るとかいった話はどこにでも転がっている。一方、竜は人の世界に住まない。ゆえに、竜神の祟りというのはあるが、生々しい逸話はない。犬に吠えられたというのと、狛犬に吠えられたという話ほどに、両者のインパクトには開きがある。

しかし、蛇は竜以上に世界各地で祀られている。

中国にて創造神とされる人頭蛇身の伏羲《ふぎ》と女媧《じょか》。アステカ神話の農耕神・ケツァルコアトル。北欧神話のヨルムンガンド。

その他、ギリシャ神話のメドゥーサや、錬金術のシンボルであるウロボロスなど、妖怪や魔物、怪物も合わせると、世界の神話、民話は蛇だらけといった様相になる。

そして、もちろん日本においても、蛇は神であり、魔であった。

蛇のことを巳というが、「み」という音は日本では、尊いものや神に近いものに用いられた。

即ち、神酒《みき》、神子《みこ》、神饌《みけ》などだ。

ちなみに、神の「か」は鹿《か》に通じる。鹿は春に角が生え替わることから、古来、再生する生命力の象徴と見なされたのだ。

「み」である蛇も、脱皮をすることから、再生・不死のシンボルとされた。

となると、ふたつの音を持つ「かみ」は、生死を超越した存在を表している可能性がある。

奈良県三輪山《みわやま》・大神《おおみわ》神社の祭神は大物主神《おおものぬしのかみ》であるが、その正体は、まさに蛇だ。

三輪山神話は有名なので触れないが、蛇に変化した大物主神の「モノ」は、名の付けられないほど原始的な神霊、または妖怪を表すときに使われる語だ。古代では鬼をも「モノ」と称した。「モノノケ」の「モノ」も同様だ。そういう古い名を持つ神が、蛇の姿を取ったというのは興味深い。

同じ神話でも、素戔嗚尊《すさのおのみこと》の八岐大蛇退治の話では、蛇は悪の化身となる。

善悪を超越することも、モノにつきものの性格だ。

音を立てず鳴かない蛇は、不気味な存在である一方、鼠を食べてくれるため、家の守り神でもあった。加えて、水の神として飲み水を守り、田畑を守る。竜は天候そのものを動かして雨を呼ぶけれど、身近な動物である蛇は身近な水を守ってくれるのだ。

関東各地の富士塚・浅間神社では、富士山の山開きに合わせ、麦藁《むぎわら》で作った蛇が縁起物として授与される。

これは本来、富士信仰とは無関係の疫病除けだ。

麦藁蛇の名称はそれこそ「蛇」であったり「神龍」だったり、神社によって様々だが、昔はこれを井戸に吊《つる》して水の守りにしたという。

この時期、前後して行われる伝統行事に「虫送り」というものがある。

「虫送り」は農作物につく害虫や村落に潜む厄を駆逐し、豊作・安全を祈願するものだ。松明《たいまつ》を夜間に焚いたり、悪霊の姿形を藁で作って、鉦《かね》や太鼓を叩《たた》きながら村外に追いやる、あるいは火にくべるなど、内容は地域によって差異がある。

青森県津軽地方にも、元禄《げんろく》時代に始まったという「虫送り」が残っている。

ここで送り出される「虫」は竜頭蛇体をしている。そのため、最初、それを見たとき、私は竜も蛇も害虫なのかと首を捻《ひね》ったものだった。

だが、実は、この背景には水神＝田を守る神としての竜蛇の影がある。

農耕民にとっては天候も河川の様子も、作物の出来に直結する。ゆえに、雨を支配する天の竜も、井戸や川に祀られる蛇も、同じ作用、似た姿を持つものとして、「野神」即ち稲作守護の神だと認識されたのだ。

そして、その神々に厄を託して祓っていただく。――それが原初の「虫送り」の姿であったらしい。

実際、横浜市鶴見区で行われる「虫送り」の一種、「蛇《じゃ》も蚊も祭り」は、萱《かや》で作った蛇体に悪霊を封じ込めて海に流したことに始まるとしている（ちなみに、祭りの名称は「蛇も蚊も出たけ（出ていけ）」と唱えることから来ている）。

「虫」を藁などで作るというのも、豊富な素材という以上に、前年の田を稔《みの》らせた神の霊威を期待してのものかもしれない。

藁で蛇を作るこの習俗は東北に限ったことではない。

端午の節句に行われる栃木県小山《おやま》市の「間々田《ままだ》のジャガマイタ」では、各町毎に、青竹、藁、藤蔓《ふじつる》などで二十メートルもの蛇体を作る。蛇は間々田八幡宮《はちまんぐう》から近くの池まで運ばれて、氏子達は蛇もろとも、池に飛び込む。

御利益は五穀豊穣《ごこくほうじょう》と疫病退散。しかし、そのとき、祈念する対象は、なぜか八大竜王だ。

ここでも、蛇と竜は交ざっている。

滋賀県大津市尾花川《おばながわ》の「蛇まつり」も、無病息災・五穀豊穣を祈る祭りだ。子供達が雌雄の藁蛇を担いで地域の各戸を回る祭りだが、起源は雨乞いにあるという。

東京都にも、蛇が主役の祭りはいくつも存在する。

世田谷区奥沢《おくさわ》、奥沢神社の「大蛇お練り」は厄除け行事。

始まりは江戸時代中期だ。

疫病が流行したときに、名主の夢枕に八幡大神が現れて、「藁で作った大蛇を担いで村内を巡れ」とのお告げがあった。村人達が従ったところ、たちまち疫病が去ったため、以来、そのときの様子を再現し、「大蛇お練り」として伝えるという。

大蛇は毎年新しいものを作った後、去年の蛇を鳥居に掛ける。この蛇がまた、「厄除けの大蛇」として人々に信仰されている。

同じく東京都稲城《いなぎ》市の「妙見尊の蛇より行事」は、なんと百～百五十メートルにもなる大蛇を作る。蛇の頭は山の上にある二十三夜塔の前に置かれ、その尾はなんと、山裾、石段の下まで届くという。

この巨大な蛇の御利益は無病息災。大綱が災いの侵入を防ぎ、また、大蛇に触れると厄が落ちるとも伝わっている。

綱といえば、沖縄で行われる綱引きにも、「虫送り」同様の縁起がある。

大量発生した害虫による飢饉《ききん》に戦《おのの》く村人に、山に捨てられた老人はこう諭す。

『太鼓を鳴らし松明をふりかざし大声をあげて綱を引け、そうすれば害虫は死んでしまうだろう』（『カラー　沖縄のまつり』月刊沖縄社発行）

村人たちが従うと、害虫は皆死んでしまった。このことによって、琉球国《りゅうきゅうこく》は年寄りを大切にするようになった――と、話は締めくくられるのだが、老人の示した方法は青森の「虫送り」そのままだ。

綱引きの綱に蛇の頭はついていないが、まさに北から南まで、「虫」や厄は藁などで作られた長いモノによって祓われている。

実際、注連縄《しめなわ》自体、元々は蛇を象《かたど》ったものだという説がある。今、その面影は窺えないが、「大蛇お練り」や沖縄の綱引きを見ていると、注連縄＝蛇説は納得できるものがある。

「虫送り」の蛇は、最終的には大木などに巻きつけられる場合が多い。

道祖神的な結界の役割を期待しているゆえであろうが、それ以外にも木に蛇を巻く習俗は各地にある。

……なんだか、祭りの紹介のようになってきたが、蛇の祭りはともかく多い。もう少し、おつきあい願いたい。

奈良県磯城郡田原本町《しきぐんたわらもとちょう》では、六月初め「蛇巻《じゃま》き」という祭礼が少年達によって行われる。

祭事の中心は二ヶ所あり、鍵の八坂神社では、二百キロの頭を持つ藁蛇を作り、祝い事のあった家を訪ねたあと、「はったはん」という場所の大樹の根本に頭を置き、胴体を木の上に吊す。

もうひとつの杵築《きつき》神社では、十八メートルの藁蛇を作って、各戸を訪れる。蛇は通行人を見つけると蛇体に巻き込んで厄を祓いつつ行進し、これも最後は大木に巻きつける。かつての伯耆国《ほうきのくに》と出雲国では、荒神祭りと、大木に藁蛇を巻く風習がセットになっている。

藁蛇は荒神様への奉納物で、やはり水回りを守護する御利益があるという。荒神は神社の境内に摂社として祀られる場合が多く、藁蛇もその辺りに巻きつけられる。その地面には「荒神幣」と呼ぶ小さな御幣をいくつも刺す。

出雲の揖夜《いや》神社を訪れたとき、私は初めて、その藁蛇を見たのだが、県社という格にはそぐわない土俗的な匂いを感じたものだ。

出雲の隣、石見《いわみ》では神楽《かぐら》に藁蛇が登場する。

この蛇は「託綱《たくつな》」と呼ばれ、元々は神を降ろし、託宣を頂くための道具だった。

生憎、現在、石見神楽では本格的な神降ろしは行われていない。しかし、「託綱」の存在は、蛇に寄り憑く神もいるという認識があった証でもある。

そして、この「託綱」もまた、神楽の後、御神木に巻きつけられる。

出雲地方にはこの他にも、重要な蛇がいる。

八岐大蛇の話ではない。「神在祭《かみありさい》」にて出雲大社に奉納されるセグロウミヘビだ。

このウミヘビはまさに竜と蛇が一緒になった「龍蛇さん」という名を持っている。

旧暦十月、「神在祭」の頃になると、出雲周辺の海は荒れる。「お忌み荒れ」と呼ばれるが、その荒天によってウミヘビは浜に漂着するという。

蛇は大国主命《おおくにぬしのみこと》、または竜宮のお使いとされ（石見の一部では、新羅《しらぎ》からのお使いとしている）、神そのものとして神社に奉納される。

出雲を愛した小泉八雲《こいずみやくも》は、ウミヘビを捕まえて神社に持っていった人は米一俵を謝礼として出され、追々裕福になると記している。

ちなみに『竜蛇さんのすべて　山陰特有の民俗』（上田常一著　園山書店）によると、戦後、捕獲者には神酒料として現金が出たという話だ。

龍蛇さんが寄る場所は、美保関から日御碕《ひのみさき》に至る海岸線沿いが多いとされる。だが、戦後の開発と自然環境の変化のため、なかなか浜には上がらずに、今は沖合で漁師が捕まえて奉納したりするそうだ。

海から上がった龍蛇さんが本物の神の使いなら、そのウミヘビはとぐろを巻くという。漁師はそれを見極めて神社に持っていくのだが、実際は捕らえた人がとぐろを巻いた形に作って、奉納していたようである。

現存する最古の龍蛇さんは、元治《げんじ》元年（一八六四）、美保神社に奉納されたものだ。

その他、個人宅で祀られているものもあり、色の抜けた白蛇めいたものや、普通とは違うマダラウミヘビを龍蛇さんとして、奉納、保存している村もある。

蛇と水との関わりは既に記したことだ。しかし、なぜ、蛇が水の神となったのか、はっきりした答えは出ていない。

蛇の肢体が川の流れを思わせるとか、陰陽《おんよう》五行に関係するとか、様々な説があるけれど、それもまた決定的なものには思えない。

但し、海からあがる蛇は異界――竜宮から来たものと見なされたのは確かなようだ。

沖縄では海神のおわすところとしての竜宮信仰があり、各島では個性豊かな竜宮祭りが行われている。

海の幸をもたらす竜宮神は、ここでもウミヘビを人に贈った。

『毎年定期的に島の海岸に寄ってくる「イラブー」と「キスク」は、ユイムン（寄り物）といわれ、神からシマ人のために贈られてきたものと考えられていた。』（『日本人の魂の原郷　沖縄久高島』比嘉康雄著　集英社新書）

イラブーはエラブウミヘビ、キスクはアイゴという魚の稚魚だ。

イラブーは陸に上っても、ひと月以上生きるほど、強い生命力を持っている。また、ハブの七十～八十倍とも言われる猛毒を持つ。

神の島とされる久高島《くだかじま》では、このイラブーは定められた家しか獲《と》ることができない。もっとも、猛毒のウミヘビを素手で捕まえるというのだから、素人の手に負えるものではない。が、捕らえられたイラブーは「バイカンヤー」と呼ばれる小屋で薫製にされる。

バイカンヤーは久高島の最重要神事・イザイホーが行われる御殿庭《ウドンミャー》に建てられている。そして、かつてはイラブー漁の前後には、守護神に対する礼拝が行われていたという。この沖縄のイラブーも出雲の龍蛇さんも、竜宮からの「寄り物」という意味では同じだ。

ただ、出雲のそれが神使、または神そのものとして祀られるのに対し、沖縄のイラブーは神からの賜りものとして食材になる。

収穫の多少から出た相違だろうが、これに限らず、神としての蛇への対応は全国各地、バラエティに富んでいる。

それだけ蛇は身近なもので、そのつきあいも地方地方で古くからあった証だろう。

ただ、面白いのは陸の蛇にせよ海の蛇にせよ、社寺にまつわる蛇達に毒を語る話がないことだ。

イラブーも毒を持つけれど、そのことと神性は繋がらない。ハブやマムシという毒蛇がピックアップされ、神だの魔だの言われる話も出てこない。

重視されるのは姿形。それだけだ。

一体、どうしてなのだろう。

どうして、その姿だけで蛇は全国、いや世界中で神秘的な動物とされるのか。

生命力が強いから？　脱皮するから？

それだけとは思えない。だが、それだけとは思えないけど、その理由はわからない。

多分、その謎を解き明かすには、根源的な人の心、無意識を探っていかねばならないのだろう。

残念ながら、私にそこまでの力はない。

しかし、蛇という存在そのものに霊威を感じる気持ちはわかる。

そして、古代から現代まで——様々な民族の人達も、私と同じように蛇に神秘を見たのだろう、ということだけは、なんとなくだが確信できる。

狸の部屋

以前、友人達と里山を歩いたときの話だ。

寺の裏から続くその山は、ちょっとした散策には最適だった。昔は寺の奥の院が山頂にあったということで、今も山道のところどころに古い石仏や碑が建っていた。

私がそういうものが好きなのは、今に始まったことではない。一々立ち止まって見ているうちに、友人達はお喋りしながら、ずいぶん先に行ってしまった。

まあ、遭難するような場所ではないので、かまうまい。

そう考えて、好きなペースで歩いていると、しばらくして友人の呼ぶ声がした。

「加門さーん！」

なんだろう。

面白いものでも見つけたのかと、私は返事をして、足を速めた。

「加門さーん！」

「はいはーい」

「加門さーん！　加門さーん！」

こちらの返事が聞こえないのか、声は私を呼び続けた。段々と、切羽詰まってきている感じがする。何かトラブルでもあったのか。私は息せき切って斜面を上がり、友人達の許へ走った。

やがて彼らの姿が見えた。しかし、遅れた私を呼んでいるはずなのに、なぜか皆、こちらに背中を向けている。友人達が見ているのは、道もない笹藪《ささやぶ》の奥だ。駆け寄って、私は中のひとりの背中を叩いた。

「どうしたの？」

すると、振り向いた友人達は「えッ⁉」とか「わっ」とか「いつの間に？」とか異口同音に驚いて、笹藪と私を交互に見つめた。

「加門さんが、どんどん藪の中に入っていくから、危ないと思って注意したんだよ」

「私？　私はずっと後ろにいたよ」

「そんなことない。藪に入っていって、声を掛けてもニコニコしながら奥に歩いていったじゃない」

「いや、私、石仏見てたから……」

押し問答を繰り返していると、私がいたという笹藪がにわかに音を立てて動いた。見れば、そこからひょっこりと狸が顔を出している。

そいつは笹から首を伸ばして私達を見つめると、素早く身を隠して逃げ去った。

「……ち、ちょっとアンタ達！　狸を私と見間違えたの？　私があの狸に似てるって⁉」

失礼極まりないと、私は怒ったのだけど――きっと、化かされたのだろう。

狐とともに、狸は化ける動物の代表格だが、あの丸々とした姿のせいか、どうもユーモラスな印象が拭えない。狐の造形の第一が稲荷の石狐であるのに対し、狸は笠《かさ》を被って徳利を持った信楽焼《しがらき》であることも、イメージに影響しているのだろう。

だが「狐七化け狸八化け」との言葉があるごとく、化けることに関しては狸のほうが上なのだ。

実際、狐は人に化けることが多いが、狸は人のほか、機関車だの徳利だの薬罐《やかん》だのという無機物にも化け、一つ目小僧やのっぺらぼうなどの妖怪に化けることもある。バリエーションでは狸のほうが断トツ多い。

また、狸は狢《むじな》と同じとみなされるために、逸話が多いということもある。

両者が同じ動物であるのか否か、私に確信は持てないが、今に伝わる伝承の多くは、ふたつをごっちゃに記している。

記録に出てくる「狸」は多分、動物園にいるタヌキだろう。が、「狢」はタヌキという説もあれば、アナグマ、ハクビシンという説もある。そして、それ以上に、「狢」はムジナという妖怪の一種であるともされている。

方言で、タヌキをムジナと呼び習わすところもあって、そういう地域での「狢汁」はまさしく「狸汁」であり、決して妖怪やアナグマの肉を煮込んだ汁ではない。

その曖昧さが、狸の化け方や伝説の数を水増ししている可能性はある。

実際、両者の曖昧さが原因で、裁判になったこともあるのだ。

「たぬき・むじな事件」がそれだ。

大正十三年（一九二四）二月二十九日、栃木の山中で、某村人は二匹のムジナを洞窟の中に追い込んだ。彼はほかの獲物を探すため、一旦、洞窟の入口を石で塞いでその場を離れた。そして、改めて三月三日に洞窟を開いてムジナを仕留めた。

それを知った警察は、この行為が同年三月一日に施行された、タヌキの禁猟期間を定めた狩猟法に違反するとして村人を逮捕。結果、大審院（今の最高裁）までもつれ込む刑事裁判に発展したのだ。

裁判の争点はふたつあった。ひとつはムジナを洞窟内に確保した二月二十九日を捕獲日とするか、穴を開いてムジナを仕留めた三月三日を捕獲日とするかだ。

もうひとつは、タヌキとムジナを同一の動物と見るか否かである。

被告人は、自分達の暮らす地域のみならず、日本では昔からタヌキとムジナは別の生き物と考えられてきたと訴えた。そして、自分が獲ったのはムジナであるから、狩猟法テ」

違反には当たらないと主張した。

結果、

「狸、狢ノ名称ハ古来並存シ我国ノ習俗亦此ノ二者ヲ区別シ毫《いささか》モ怪マサル所ナルヲ以テ」

被告人は無罪となり、今後は狩猟法においてムジナはタヌキの中に包括される旨を国民に周知させていくとの判決が出た（ちなみに、捕獲日に関しては、洞窟にムジナを封じ込めた時点で捕獲が成立しているとして、こちらも無罪）。

この判決は、今でも刑法第三十八条「事実の錯誤」に関する判例としてよく引用されている。

裁判所で「タヌキ」「ムジナ」の単語が飛び交う場面は想像するだに愉快だが、ひっかかるのは「我国ノ習俗亦此ノ二者ヲ区別シ毫モ怪マサル所ナルヲ以テ」の一文だ。

では、被告人はタヌキとムジナをどう区別していたのだろうか。

両者が同じものとされたのは、この判決以降であって、それ以前のふたつの動物は、どのような区別を以て国民に認知されていたのか。

気にかかるけど、わからない。『狼の部屋』にて、私は狼と山犬の区別について悩んだが、タヌキとムジナも不分明だ。霊能動物としての狸と狢の区別はもっとわからない。

昔の人がきちんとした差異を書いておいてくれればよかったのだが……。

仕方ないので、本稿ではふたつを一緒に記すことにする。

狸はどんなものに化けるのか。

そのバリエーションの豊かさは、『現代民話考11 狸・むじな』（松谷みよ子著　ちくま文庫）の巻に記された目次を見るだけでよくわかる。

適当に項目を拾ってみると、火（提灯《ちょうちん》や火事）、腹鼓を打つ、踊りを踊る、歌を歌う、音真似をする（生活音、人声、楽器）、石や砂を掛ける、酒や煙草を要求する、妖怪に化ける（大入道、のっぺらぼう、あずきとぎ）、日月に化ける、ほかの動物に化ける、人に化ける、日用品に化ける（簞笥《たんす》やバケツ）、乗り物に化ける（汽車）などなど……。

いやあ、面白い。

この中、汽車に化けた話は「偽汽車」と呼ばれて各地に伝わっている。

現在のJR東日本常磐《じょうばん》線にも、「偽汽車」の話は伝わっている。

——明治時代のこと。今の葛飾《かつしか》区あたりで夜遅くに汽車が走ると、前方から汽笛が響いてくる。見ると、同じレールの向こうから、猛スピードで汽車が走ってくる。このままでは正面衝突すると、機関士は急ブレーキを掛ける。その瞬間、向かいの汽車は忽然《こつぜん》と姿を消してしまう。

そんなことが続いたある晩、また怪現象が起きた。だが、そのとき運転していた機関士は度重なる怪現象に腹を立て、ブレーキを掛けずにそのまま汽車を走らせた。と、まさに衝突すると思われたとき、「ギャッ!」という悲鳴と共に向かいの汽車は消え去った。

翌朝、その辺りを調べたところ、狢の轢死体《れきしたい》が発見された。人々は線路を敷いたために住処を失った狢が恨んで、汽車に化けたのだろうと噂し、塚を造って供養した……。

現在でも、葛飾区亀有の見性寺には、この狢を弔った「狢塚」が残っている。

狢……もう少し引き際がよかったら、死なないで済んだのに、残念だ。

常磐線の偽汽車は、狢の恨みが理由にあるが、因果がなくとも、どうも彼らは乗り物に化けることが好きらしい。

どこで聞いたか忘れたが、自動車に化けたという話もある。

自動車が珍しかった頃というから、大正あたりの話だろうか。

夜になると、まっくらな山中から、自動車のエンジン音とクラクションが聞こえる。

音のする方に視線を向けると、山の中を走っていくふたつのヘッドライトが見える。だが、杣道《そまみち》しかないような山なので、どうせ狸の仕業だろうと村人は相手にしなかった。

それで調子に乗ったのか、あるいは無視されたのが悔しかったか、毎晩のようにやかましくクラクションを鳴らして車が走るようになったので、ある晩、耐えきれなくなって、村の男が山に叫んだ。

「道もないそんな山ん中、車が走れるはずないだろ、バカったれ！　化かすなら、もっと考えろおー‼」

——以来、自動車は出なくなったという。

自動車が普及する前は、狸達は馬にも化けた。

「日本三名狸」に数えられる淡路島の芝右衛門《しばえもん》狸は、薩摩《さつま》の軍艦を洲本《すもと》沖に並べるなど、大仕掛けな化け方を得意としたという。

狸は乗り物が好きで、かつまた流行に敏感であるようだ。

きっと自転車や駕籠《かご》に化けた狸もいたのではなかろうか。

人に言わせると、狸は目的があるというより、単に化けること、化けて人を驚かすことが好きなのだという。

確かに自動車の話など、化ける側にとってはなんの旨《うま》みもない。彼らは行為そのものを楽しんでいるのではないか。

思うに、化かされ話が残るのは、狐なり狸なりの正体が明らかになったからこそだ。化けたまま、人にばれずに終わってしまえば、それは物語として残らない。

凄腕の詐欺師のごとく、騙しおおすことが真の目的であるならば、エピソードが少ない動物のほうが、より巧者であるという言い方もできる。

つまり、沢山の逸話を持つ狐狸や狢より、もっと格上の……我々が認知していない黒幕がいる可能性もあるわけだ。

しかし、彼ら——特に狸は、正体を明かすことをも含めて人を化かしているようなので、誰も気づかない、驚かない、では、きっとつまらないのだろう。

常磐線の「偽汽車」のほか、東京近辺では本所七不思議となっている狸囃子《たぬきばやし》も有名だ。これもお囃子が聞こえるだけで、直接的な害はない。お囃子を追って、一晩中歩かされてしまうのは、人間の好奇心ゆえだ。

また、本所の隣、七福神巡り発祥の地とされる向島《むこうじま》には、「隅田川七福神」のひとつ、毘沙門天《びしゃもんてん》を祀る多聞寺《たもんじ》があり、そこには「狸塚」が残っている。

悪戯《いたずら》が過ぎたため、毘沙門天に退治された狸の老夫婦を祀った塚で、今も塚の後ろには狸が棲んだらしき穴がある。

東京にも当然、狸はいたし、今も文京区の後楽園などには狸が棲んでいると聞く。

そのほか、分福茶釜やカチカチ山、千葉県木更津《きさらづ》市にあるお寺が舞台とされる童謡

「証城寺《しょうじょうじ》の狸囃子」など、狸の話は我々に深く馴染んでいる。

だが、それでも、私がなんとなく、狐ほど実感を持てずにいるのは、自分の暮らす東京が、江戸の頃からお稲荷様の縄張りであったためだろう。


狸達の縄張りは、ある地域に密集している。

新潟県佐渡島、兵庫県淡路島、そして四国全域だ。

当該地にはそれぞれ「日本三名狸」と呼ばれる狸がいる。即ち、団三郎《だんざぶろう》狸（新潟県佐渡島）、芝右衛門狸（兵庫県淡路島）、屋島の禿《はげ》狸（香川県屋島）で、全国三ヶ所の狸ゾーンの存在は彼らの活躍に依《よ》るところが大きい。

生憎、紙数の都合上、三名狸についての詳細は省くが、気になるところを少々取り上げてみたい。

佐渡島の団三郎は現在、佐渡市相川の山中に、二ツ岩大明神として祀られている。

団三郎は佐渡狸の大親分で、島中の狸を子分とし、配下には「関の寒戸《かんど》」「禅達《ぜんたつ》」「才《さい》喜坊《きぼう》」「おもやの源助《げんすけ》」という四天王がいたという。

普段はいろんなものに化け、人に悪戯をしていたが、団三郎は困った人にはお金を貸していたとも伝えられている。

団三郎の住処に金額、返済日、自分の名を記して判を押した借用書を置いておけば、翌日には借用書の代わりにお金が置いてあったとか。また、そのお金は団三郎自身が人に化けて金山で働き、得たものとも伝わっている。結構、真面目な狸様だ。

私は佐渡島に渡ったとき、団三郎が祀られている二ツ岩大明神に詣《もう》でたことがある。旅の二日目に思い立って行ったのだけど、行こうと思った理由のひとつは、島のあちこちで狸の姿を見たことだ。

道を曲がると狸がいる。店を出ると狸を見る。

(やっぱり佐渡は狸の縄張りなんだなあ)

私はすっかり感心し、大親分に挨拶《あいさつ》に行こうと思いついたのだ。

社に至る山道でも、狸の親子が座っていた。ますます感心して目的地を目指すと、稲荷のような赤い鳥居が並んだ先に、二ツ岩大明神の社が見えた。

天然の岩屋を社殿で覆った、素朴で原始的な場所である。千羽鶴が沢山下がっているのも、民間信仰ならではだ。しかし何より驚いたのは、その社の中全体に、獣の臭いが立ち込めていたことだ。

(お供物食べに、それこそ狸が沢山集っているのかしら)

そんなことを考えて、私は里に下ったのち、島の人に話を振った。

「狸の大親分がいるだけのことはありますね。車で走っているだけで、あちこちで狸を見るものだから、二ツ岩大明神を思い出して、さっき、行ってきたんです」

そう言うと、話しかけたオジサンは首を傾げた。

「狸なんか滅多に見ないよ。俺は一度も見たことないね。へえ、それで二ツ岩大明神にねえ……」

あのときの、なんとなくぎくしゃくした雰囲気は、今でもよく憶《おぼ》えている。

オジサンは私が佐渡の狸に化かされかけたと思ったのだろう。


淡路島の芝右衛門狸は芝居好きで有名で、大阪まで芝居見物に出かけたという。のち、大阪中座に祀られて、片岡仁左衛門《かたおかにざえもん》や藤山寛美《ふじやまかんび》に崇敬されたが、平成十一年（一九九九）、中座が閉館したのち、淡路島の洲本に里帰りして洲本八幡神社に祀られた。

先に、芝右衛門狸が軍艦に化けたことを記したが、この大がかりな幻術は「日本三名狸」のもう一匹、屋島の禿狸がやったという説もある。

屋島の禿狸は現在、香川県高松市にある浄願寺《じょうがんじ》にて白禿大明神として祀られている。この狸は日清・日露戦争時、多くの子分を連れて敵地に入り、活躍したことでも有名だ。『現代民話考』には、戦地で四国の狸が活躍した話が記されている。いくつか、要約してみよう。

——日露戦争のとき、伊予の喜左衛門《きざえもん》狸は小豆に化けて大陸に渡った。狸は上陸すると豆を撒《ま》くように全軍に散り、○に喜の字の印がついた赤い服を着て戦った。

そのことが、ロシアの陸軍総司令官であったクロパトキンの手記に残っているという。

『日本軍の中にはときどき赤い服を着た兵隊が現れて、この兵隊はいくら射撃してもいっこう平気で進んで来る。この兵隊を撃つと目がくらむという。赤い服には、○に喜の字のしるしがついていた』

また、同じく日露戦争のとき、高松にある浄願寺にいた屋島の禿狸の指揮の下、狸たちがロシアに渡り、兵隊に化けて山を作った。そして、ロシア兵が登るなり山をひっくり返したという。

そのほか、提灯に化けて窮地に陥った日本兵を導いたり、凱旋《がいせん》のときには狸も一緒に、提灯行列をしたという話も伝わっている。

うーん、すごい……。

が、それにも増してすごいのは、四国における狸層の厚さだ。

愛媛県松山市には、松山城を守護し続けた隠神刑部《いぬがみぎようぶ》という狸がいる。

松山にいる狸の祖先は天智《てんじ》天皇の時代にまで遡り、隠神刑部はその子孫八百八匹の総帥で、四国最高の神通力を持っていたとされている。

一方、映画『平成狸合戦ぽんぽこ』の元ネタとなったのは、江戸末期に起きたという阿波《あわ》狸合戦だ。

詳細はほかに譲るが、その合戦で相討ちになったものの、辛くも勝利を手中にしたのが金長《きんちょう》狸。現在徳島県小松島市の金長神社に祀られている金長大明神だ。

話によれば、金長狸の許《もと》で戦った大鷹《おおたか》狸は、金長の身代わりとなって戦死。大鷹の子である小鷹《こたか》狸、熊鷹《くまたか》狸は父の敵を討ち、小鷹狸は二代目金長を襲名。小松島浦に善政を施したという。彼らは皆、現在は大明神として祀られている。

また、田左衛門《たざえもん》大明神となった田左衛門狸は、金長方の軍師を務めたが、なんと北辰《ほくしん》一刀流の免許皆伝であったという。

この金長狸と争ったのは、当時、四国を牛耳《ぎゅうじ》っていた六右衛門《ろくえもん》狸だ。

相討ちという決着ののち、双方の二代目は弔い合戦をしようとしたが、そのとき、仲裁に入ったのが、大前田英五郎……ではなくて、日露戦争で日本を勝利に導いた屋島の禿狸と伝わっている。

うむ。つい書き間違えてしまうほど、任俠《にんきょう》ノリの話だが、驚くのはまだ早い。

現在、徳島市では毎年十一月に「阿波の狸まつり」を開催している。そのときのイベントのひとつ「祠めぐりオリエンテーリング」のコースガイドには、徳島市・鳴門市・小松島市の各市内に祀られている狸の祠が載っている。

各社の由来は割愛するが、名前だけを並べてみよう。

正一位金長大明神を筆頭に、四輪《しわ》大明神・勇《いさむ》大明神・栄大明神・松広大明神・どか大明神・お船戸大明神・若宮大明神・猿田彦大明神・守《まもる》大明神・庚申《こうしん》新八大明神・お竹大明神・権八大明神・亀七大明神・不動の徳大明神・お松大明神（二ヶ所）・お笠大明神・お初大明神・楠《くすのき》大明神（二ヶ所）・九人大明神・耳切れ大明神・権右衛門大明神・六右衛門大明神・千住太郎大明神・鹿《か》の子大明神・高坊主大明神・大鷹大明神（二ヶ所）・小鷹大明神・熊鷹大明神・よろず狸大明神・田左衛門大明神・神子《みこ》の籔大明神・八陣大明神・お六大明神・芋の宮大明神・三太郎大明神・お染大明神・お頭大明神・仁兵衛大明神・隠元大明神・番屋の八兵衛大明神・松平《まつへい》大明神・大岩大明神・ほうろく大明神・八兵衛大明神・六兵衛大明神・お芳大明神・傷寒坊大明神・お八重大明神・お四つ大明神・お六つ大明神・オッパショ大明神・伊助大明神・九郎兵衛大明神・段四郎大明神・赤でんちゅう大明神・郡《こおり》屋敷大明神。

あわわわわ……。

猿田彦大明神など、元々は違う神様だったのでは、と思われるものもあるにはあるが、それにしても凄まじい。まさに、狸の王国だ。

狸の社が狐などのそれと違うのは、狸は狸そのものが神として祀られていることだ。

狐や狼の場合は、どんなに主役を張っていても、公的には神社の祭神そのものではなく、眷属神という立場で説明される。だが、狸はタヌキが主祭神だ。

シンプルで大変よろしいが、狸の数だけ祠は増える。

阿波狸合戦の戦場跡は、高坊主大明神が祀られている新浜本町二丁目という。ここを含め、名前を挙げた祠の多くは、徳島市内の眉山《びざん》周辺に集中している。

この眉山は金紅石《ルチル》が採れることで有名で、「眉山の金紅石」は徳島県の代表的な鉱物だ。

また、隣の愛媛県新居浜市にある別子銅山には銅や金の鉱脈があり、往時の銅の産出量は世界有数だったという。四国で二番目に大きい佐々連《さざれ》鉱山も、同じ愛媛県にあり、こちらでも金と銅が採掘された。

おお、そういえば、佐渡にこそ世界最大級の金山があるではないか！

……などと、とぼけた書き方をしたものの、ここまで記せば、言いたいことの察しはつくに違いない。

そう。狸は鉱山またはタタラと関係するのだ。

理由は、精錬の火を熾《おこ》す鞴《ふいご》にタヌキの皮が使われていたことによる。

本章の前半にて、隅田川七福神の多聞寺にある「狸塚」を紹介した。寺のご本尊である毘沙門天は、手に宝塔を持つことから鉱山の守護神とも言われている。そして、その眷属は狸であるという説もある。

「日本三名狸」中、団三郎狸は佐渡島、屋島の禿狸は四国。いずれも金をはじめとした、有力な鉱物産地だ。

芝右衛門狸のいる淡路島は花崗岩《かこうがん》で知られているが、生憎、ここだけは大規模に採掘されたという話はない。

しかし、すべてではないものの、狸と鉱山はなんとなく繋がる。

実際の動物の棲息分布でも、佐渡島・四国・淡路島には、キツネの数は少ないらしい(佐渡島は皆無)。こういう事情も、もちろん狸の勢力に関係しているに違いない。

とはいえ、私個人としては、動物の分布や、鉱山などの人の営みに霊能動物の因果を見るより、怪談をはじめとした伝説のほうに原因を求めたい。

伝説では、四国が狸王国となった理由のひとつは、弘法大師空海に由来するという。

弘法大師が四国で修行していたとき、狐の狡賢《ずるがしこ》さを嫌った大師は、彼らを四国から追放し、狸を可愛がったという。

しかし、狐達が四国を去るとき、大師はひとつ、狐達と約束を交わした。

「本州と四国の間に鉄の橋が架かったら、そのときは帰ってきてもいい」

——昭和六十三年（一九八八）、岡山県と香川県は瀬戸大橋で繋がった。瀬戸内海を跨いで、四国と本州に「鉄の橋」が架かったわけだ。

狐は四国に戻ったのか。

今、四国では狸と狐が覇権争いを繰り広げているのではないか。

狸は今でも我々の想像力を掻《か》き立ててやまない存在なのだ。

鳥達の部屋

（一）

意識するしないはともかく、鳥ほど人の視界に入り、また声を聞く生き物はないだろう。

都会ですら、空を見上げれば、鳩《はと》や烏《からす》の姿が見える。秋ともなれば、雁《かり》達が隊列を作って飛んでいく。海辺に行けば鷗もいるし、里山では鳶《とんび》が旋回している。そして、耳を澄ませばどこででも鳥達は囀《さえず》っている。

だが、そこまで身近でありながら、ペットや家禽《かきん》は別にして、翼を持った彼らには触れないのが我々だ。

毎朝、雀《すずめ》の声は聞いても、雀に触ったことのある人はどれほどいるのだろうか。烏も同じだ。公園にいる鳩ですら、易々《やすやす》と触ることは叶わない。

身近なような、そうでないような……思えば、不思議な存在だ。

随分、数が減ったらしいが、かつての日本で一番身近な鳥は、雀だったに違いない。

雀は稲を食う害鳥だが、小さく愛らしいその姿は、皆に愛されてきた。

特に冬場、防寒のために羽毛をふくらませている様は「ふくらすずめ」と呼ばれて好まれ、着物、和菓子、日本髪、帯結びなど、様々な意匠に用いられてきた。

「竹に雀」も、取り合わせの良いものとして画題にされ、絵馬に二羽の雀を描けば、「鈴のような目」ということで、眼病平癒祈願となる。

このように親しまれている雀だが、彼らは愛されるだけの存在ではない。

ときによっては化け、祟り、人を害する妖鳥にもなる。

夜間に聞こえる雀の声は、その妖鳥のものという。

夜雀、送り雀、または袂雀《たもとすずめ》と言われるそれは、夜道を行く人の前後で鳴く。

チッチッチッという声を聞いてしまった人は、鳥目になるとの話もある。が、大概は魔物や山犬の先触れとして出てくるという。

しかし、夜雀を避ける呪文も、各地にいくつも伝わっている。この妖怪は太刀打ちできないほどのものではなかったようだ。やはり、愛らしいあの姿では、ラスボスの役は務まらないのか。

私達が雀の声を一番意識するのは早朝で、次は日没前だろう。

大体、鳥目と言われるごとく、鳥類は夜、活動しない（夜行性の猛禽《もうきん》類などはともかく)。鳥はときどき騒いでいるが、それは街が明るくなったせいであり、鳥本来の習性ではない。

ゆえに、ある意味、鳥達は陽《ひ》の下にいる存在なのだ。

そんな彼らが、鳴くべきではない時間に鳴いたとき、人はそれを怪異とする。

私も一度、深夜に騒いでいる雀の声を聞いたことがある。

その後、化け物に出会ったというわけではないが、本来、可愛いあの声が妙に気味悪く聞こえたものだ。

いるべき場所ではないところにいるモノ、聞こえるはずのない場所から聞こえる音等、妖怪達の多くは「非常識」であることを要素として持っている。

夜雀もその中のひとつだ。

しかし、夜に騒ぐ鳥の妖怪というのなら、鵺《ぬえ》のほうが上手《うわて》だろう。


——平安時代末、毎晩、紫宸殿《ししんでん》に黒雲と共に不気味な鳴き声が響き渡った。

天皇は病の身となってしまい、薬や祈禱を行っても、効果は表れなかった。

そこで、弓の達人である源《みなもとの》頼政《よりまさ》に妖怪退治が命じられた。

頼政は酒呑童子《しゆてんどうじ》を成敗した源頼光《よりみつ》の子孫に当たる。その頼光より受け継いだ弓を携えて、彼は家来と共に紫宸殿に向かった。

夜になって暫くすると、不気味な黒雲が紫宸殿の上にたなびいた。

頼政は、目当てのほうにヤマドリの尾で作った尖《とが》り矢を射た。と、悲鳴と共に、鵺が落ちてきた。

家来がすかさず取り押さえてとどめを刺したので、天皇の体調もたちまち回復。褒美として、頼政は獅子王《ししおう》という太刀を賜った。


伝説の鵺は、猿の顔・狸の胴体・虎の脚・蛇の尾を持つ獣とされている。

キメラ的な怪物だが、不気味なその声の正体は、体長三十センチほどのトラツグミだったとも言われている。

トラツグミは昼間に活動するくせに、真夜中でも鳴く鳥だ。金属的で陰気に響く声なので、気味悪いという気持ちはわかる。

とはいえ、鵺の正体がトラツグミだといった話は、後の時代に出てきたもので、この話が記された『平家物語』などには出てこない。

大体、そのとき、トラツグミが初めて鳴いたわけでもなかろう。むしろ、今よりも身近な存在だったはずだ。

だから、私はトラツグミ説は濡《ぬ》れ衣《ぎぬ》だと考えている。しかし、彼らの鳴き声に不吉を感じる気持ちはわかる。

雀と同じく、一度、真夜中の山で、私はその声を聞いたことがある。

蝶番《ちょうつがい》の錆《さ》びたドアを、ゆっくり開閉するような声だった。

それが真っ暗な森の中から聞こえてくるのは気味悪く、正体を教えてもらうまで、結構、狼狽《うろた》えてしまったものだ。

鵺については、まだ語りたいこともあるのだが、鳥そのものの妖怪というわけではないので、今回は先を急ぎたい。

概して夜鳴く鳥は不吉とされるが、すべてがそうというわけではない。

仏教で三宝とされる「仏法僧」と鳴く鳥として、そのままブッポウソウと名付けられた鳥がいる。

日本には夏に飛来する渡り鳥で、エメラルドグリーンがかった青い羽毛と、橙《だいだい》色の嘴《くちばし》をもった綺麗《きれい》な鳥だ。

大きさはトラツグミとほぼ同じだが、こちらは善鳥とされている。

だが、このブッポウソウ、実は「仏法僧」と鳴くことはない。そう鳴くのは、フクロウの一種であるコノハズクだ。

誰がどんな勘違いをして、こうなってしまったかは不明だが（弘法大師という説もある）、仕方ないので、現在は碧《あお》い小鳥を「姿のブッポウソウ」、コノハズクを「声のブッポウソウ」と、両者は分けて語られている。

コノハズクは夜行性なので、当然、声も夜間に聞こえる。

陰気なトラツグミの声と違って、「仏法僧」の鳴き声は、闇の中から届くからこそ、有り難いものに感じたのだろう。

人の感性とは勝手なものだ。


——再び、雀に話を戻そう。

妖怪というわけではないが、古代中国の暦で、季節を表す方法のひとつに、七十二候というものがある。

有名なのは「半夏生《はんげしょう》」で、これは半夏という生薬の元になる植物・カラスビシャクが生える時季を指している。

その他、七十二候のほとんどは、天候の変化や動植物の活動を現実に即して表現している。

だが、晩秋を表す候のひとつだけが「雀入大水為蛤」——雀大水に入り蛤《はまぐり》と為る——という、不思議な文言になっている。

これは冬が近づいて、人里の雀が減る理由を、海で蛤になっているためとしたものだ。即した伝説が中国にあるのか、寡聞《かぶん》にして知らないが、実際、蛤の殻の色味と雀の羽色はよく似ている。

大きさも近いと言えば近いため、昔の人は身近な貝と身近な鳥を結びつけたのかもしれない。

その身近な鳥が、日本では、平安時代の一時期に恐怖の対象となったことがある。


――一条天皇の御代、藤原実方《ふじわらのさねかた》という貴族がいた。

彼は高名な歌人だったが、あるとき、天皇の面前で、藤原行成《ゆきなり》と歌のことで口論になった。

激昂《げっこう》した実方は、行成の冠を持っていた笏《しゃく》で打ち落とした。一方の行成は取り乱さず、人に冠を拾わせた。

そのことにより、実方は京都から陸奥国《むつのくに》へ左遷され、行成は冷静な行いを評価されて、蔵人頭《くろうどのとう》に任命された。

左遷された実方は、怨《うら》みと望郷の念を募らせながらも、失意のうちに陸奥で没した。

訃報が都に届くと同時に、毎朝、内裏《だいり》の清涼殿に一羽の雀が入り込むようになった。

その雀は台盤に盛ってある飯を啄《ついば》んで、皆、平らげてしまう。

これを知った人々は、実方の怨念が雀に化けた、あるいは霊が雀に取り憑いたと戦いた。

また、同時期、勧学院の住職・観智《かんち》上人の夢に雀が現れ、自ら実方だと名乗って誦《ず》経《きょう》を頼んだ。

翌朝、上人が外に出ると、一羽の雀が死んでいた。

上人はこれこそが実方の化身だと思い、彼の霊を弔うために塚を築いた……。


「雀塚」は現存しており、今も実方のための供養が続けられているという。

うーん。

怨霊の化身であっても、雀ではどうにも迫力不足だ。

雀になったと騒がれた実方は、とことん都人《みやこびと》に馬鹿にされている気もするし、たとえそうでも、ご飯くらい、啄まれてもいいじゃないかと思ってしまう。

しかし、この話から、北国に住む種類の雀は、内裏に入る雀、即ちニュウナイスズメ（入内雀）と名付けられ、別名を実方雀と呼ばれている。

どこにでもいる鳥だからこそ、伝説は人口に膾炙《かいしゃ》して、消えることなく残ったのだろう。

そういう意味で（不本意かもしれないが）、藤原実方は歴史に名を残したのだ。

身近な霊鳥は、ほかにもいる。

鶏もそのひとつだろう。

現在は鶏肉と卵にのみ親しんでいる人がほとんどだろうが、戦後暫くまでは、東京でも鶏を飼う家が沢山あった。

そういう家禽としての役割はともかく、鶏の特徴の第一として挙げられるのは鳴き声だ。

前述した鳥達も皆、声にそれぞれ意味があった。

鳴くことこそが、鳥の持つひとつの特徴であり、霊能なのだ。

日本神話における、天《あま》の岩屋戸《いわやと》の話では、「常世長鳴鳥《とこよのながなきどり》」の声が、岩屋に隠れた天照大神《あまてらすおおみかみ》を外に出すきっかけのひとつとなっている。

鶏は朝を知って鳴くのではなく、鳴くことで、太陽神を呼び、朝日をもたらすとされたのだ。

太陽である天照大神が隠れた世界は、要するに時間の止まった闇の世界だ。

鶏はそれを再び動かした。

だから、鶏の声は「時を報せる」ではなく「時を作る」と称されて、暁に響くその鳴き声がトウテンコーと聞こえるゆえに、「東天紅」の字が当てられたのだ。

現在、伊勢神宮内宮《ないくう》に鶏達の姿があるのも、太陽神との関係だ。

つまり、我々は陽の化身を食べ、その子供達をも食べているのだ。

そう記すと、鶏は陽気の塊に思えるが、やはり裏の顔がある。

死体発見装置としての鶏がそれだ。

巷説《こうせつ》では、鶏は死体のある場所で鳴くとされた。そのため、人の入れない場所に遺体があると疑われたとき、その捜索に鶏を使った。

実際、昔は水死人を捜すときに船に乗せ、鶏が鳴いた場所を捜索することがあったという。また、深い穴に落ちた人を捜すときも、紐《ひも》で吊した籠の中に鶏を入れ、その安否を確かめた。

死者と鶏がどう繋《つな》がるのか、生憎、私にはわからない。

ただ、彼らもまた、完全に安心できる存在ではないということだ。

単純な因果物語ではあるが、戒律を破って鶏肉を食べた僧侶が、鶏の化け物になってしまうという話もある。

また、鶏は西欧の黒魔術などでは、生《い》け贄《にえ》として使われる。

知人から聞いた話だが、彼らは首を切り離しても、暫くは血を流しながら、走り回っているという。そんな強い生命力から来るある種の鈍さ、不気味さが、人に禍々《まがまが》しいものを連想させるのかもしれない。

岡本《おかもと》綺堂《きどう》も、不気味な鶏の話を記している。

「夢のお七」という短編で、大田蜀山人《おおたしよくさんじん》（南畝《なんぽ》）の随筆『一話一言』を下敷きにしたものだ。

短編とは言え、全編を書き写すには長いので、『一話一言』の部分のみを記したい。


『大田蜀山人の「一話一言」を読んだ人は、そのうちにこういう話のあることを記憶しているであろう。

八百屋お七の墓は小石川の円乗寺にある。妙栄禅定尼と彫られた石碑は古いものであるが、火災のときに中程から折られたので、そのまま上に乗せてある。然るに近頃それと同様の銘を切って、立像の阿弥陀を彫刻した新しい石碑が、その傍に建てられた。ある人がその子細をたずねると、円乗寺の住職はこう語った。

駒込の天澤山竜光寺《りようこうじ》は京極佐渡守高矩《きようごくさどのかみたかのり》の菩提寺《ぼだいじ》で、屋敷の足軽がたびたび墓掃除にかよっていた。その足軽がある夜の夢に、いつもの如く墓掃除にかようところで小石川の馬場のあたりを夜ふけに通りかかると、暗い中から鶏が一羽出て来た。見ると、その首は少女で、形は鶏であった。鶏は足軽の裾をくわえて引くので、なんの用かと尋ねると、少女は答えて、恥かしながら自分は先年火あぶりのお仕置を受けた八百屋の娘お七である。今もなおこのありさまで浮ぶことが出来ないから、どうぞ亡きあとを弔ってくれと言った。頼まれて、足軽も承知したかと思うと、夢はさめた。
　不思議な夢を見たものだと思っていると、その夢が三晩もつづいたので、足軽も捨てては置かれないような心持になって、駒込の吉祥寺へたずねて行くと、それは伝説のあやまりで、お七の墓は小石川の円乗寺にあると教えられて、更に円乗寺をたずねると、果してそこにお七の墓を見いだした。その石碑は折れたままになっているが、無縁の墓であるから修繕する者もないという。そこで、足軽は新しい碑を建立《こんりゆう》し、なにがしの法事料を寺に納めて無縁のお七の菩提を弔うことにしたのである。いかなる因縁で、お七がかの足軽に法事を頼んだのか、それは判《わか》らない。足軽もその後再びたずねて来ない。』

　——こののち、話は足軽と同じ夢を見た彰義隊《しようぎたい》隊士の逸話を実話として記していく。「夢のお七」は全編に因果の見えない不気味さが漂う佳品だが、この話を読んだとき、私は鶏冠《とさか》の赤から放火の炎を連想すると共に、少女と鶏という取り合わせに、生々しい恐怖を感じた。

十二世紀に描かれた『地獄草紙』という絵巻には、殺生を犯した者が堕《お》ちるという「鶏地獄」が描かれて、巨大な鶏が火を噴いている。

放火によって、多くの人を殺したお七は、鶏地獄に堕ちたのか。

いや、朝を呼び込んでくる鳥は、結局、常《つね》は闇の中に身を置いている存在なのではなかろうか。


鳩も身近な鳥である。

この鳥が平和の象徴と呼ばれるのは、キリスト教から来たものだ。

日本では古くから、鳩は八幡《はちまん》神のお使いだった。

八幡神社は稲荷神社に次いで多く、全国に勧請《かんじょう》されている。

なんでそんなに多いのか、理由はわからないのだが、その数は、三万社弱とも四万社とも言われている。

発祥の地である総本宮は、大分県の宇佐神宮。

八幡神社のご祭神は応神天皇とされているが、「南無八幡大菩薩《なむはちまんだいぼさつ》」などの呼び方もあるように、明治の神仏分離令以前は、どの神社よりも深く仏教と結びついていた。

しかし、この八幡神と鳩の関係は、実ははっきりしていないのだ。

ネットで検索すると、ご神霊が金色の鳩に変じたとか、源氏が祈願した際に金鳩が現れたとか出てくるが、専門家達は総じて不明と記している。

ただ、起源こそわからないが、現在、宇佐神宮には鳩にまつわる神事がある。また、神社名を記した扁額《へんがく》にある「八」の字を、向かい合った鳩として描いている八幡神社も多い。

神奈川県鎌倉市にある鶴岡八幡宮の扁額も、この鳩文字を使っている。

後代、額が変更された可能性はあるけれど、鎌倉時代には既に、鳩と八幡神の関係は成立していたと見ていいようだ。

とはいえ、鳩には大した逸話は見当たらない。

唯一、へえ、と思ったのは『江戸の縁起物　浅草仲見世　助六物語』（木村吉隆著　亜紀書房）に記された「夫婦鳩」についての記述だ。

著者は台東区浅草寺仲見世で、江戸趣味の小玩具を扱う「助六」の店主だ。

その著作の中、「夫婦鳩」は浅草名物として紹介されている。

最近の浅草寺境内は鳩もいない味気ない場所になってしまったが、少し前まで、鳩は観音様のお使いとして大切に扱われていた。

「夫婦鳩」はその名残の品で、食べ物が胸につかえないようにとのお守りだという。

『鳩は胸も大きく、豆もポンポン食べてしまうところから生まれたのでしょうか。』

木村氏はそう語っている。

なるほど。

古い箸置きのデザインに、鳩が多かったのも同じ理由か。

私はあれは単純に、箸を置きやすい形なのだと思っていたが、実は食物の嚥下《えんか》を促すまじないでもあったのだ。

個人的には八幡神の神使であるより、こういう小さな御利益が鳩には似合いのように思える。

同じく浅草寺には、鳩でなく、鷺《さぎ》を象った「白鷺の舞」という行事がある。

舞自体は古い絵巻にあったものを、昭和に復活させたものだ。

『獣神群像　日本の祭り』（菅原道彦著　サンケイ新聞社）によると、日本の神話・民話の中に鷺の話はほとんどなく、社寺の祭礼に登場するのは、十五世紀中頃の京都祇園会《ぎおんえ》あたりから。娯楽性の強いイベントである「風流《ふりゆう》」の仮装として出てくるという。

つまり、鷺は本来、神仏とは縁がない。

むしろ歴史が古いのは、その怪異である「五位の光」――ゴイサギの伝説だ。

まずは、この鳥の名の由来について記しておこう。

『平家物語』はこう語る。

——昔。醍醐《だいご》天皇が神泉苑《しんせんえん》に出かけた折、池の辺りに一羽の鷺がいるのをご覧になり、六位の役人に「あの鷺を捕らえて参れ」と命じた。

役人は、どうせ捕まらないだろうと思ったものの、帝《みかど》の命なので、仕方なく鷺に近づくと、鷺はまさに羽繕いを終え、飛び立とうとしていたところだった。

そこで、役人は鷺に向かって「陛下のご命令である」と告げた。すると、鷺は飛び立つことなく平伏した。

役人がその鷺を捕まえて、帝の許へ連れていくと、帝は鷺にこう言った。

「そなたが命令に従って、前に参ったのは神妙なことだ。ゆえに、五位の官位を授けよう」

帝は鷺に五位の位を与え、「今日より後は、鷺の中の王である」という札を作って首に掛け、鷺を放してやったという。

捕らえた六位の役人より上の位を授けるなんて、醍醐天皇も人が悪い。

ともかく、この故事により、ゴイサギは五位鷺となったのだ。

ニュウナイスズメ同様、物語が正式な名前の由来となるのも、鳥類の特徴なのかもしれない。

「五位の光」は、その鷺の王が起こす怪異で、火を吐いたり、鳥そのものが火の玉のように見える現象をいう。

同様の怪異は青鷺にもあり、こちらは「青鷺火」と呼ばれている。

鷺は夜間でも水面近くに佇んでいることがあるために、遠目からだと、朦朧《もうろう》とした白い塊に見える。それが火と見え、場合によっては、幽霊じみたものにも映ったのだろう。

さしたる怪異ではないが、今のように街灯がひとつもなかった時代、月明かりを受けて輝く鷺の姿に驚かされた人もいたに違いない。

太陽の下にいるのが相応《ふさわ》しい鳥達が、夜間に現れ、鳴いたとき、人はそこに尋常ではないナニカを感じたのだろう。

それはともかく、鳥達をひとつの部屋にまとめると、喧《かまびす》しいばかりで、まったく話が進まない。

鳥の逸話のほとんどは些細で広がりを持たないために、数ばかりが出てくる感じだ。

だが、無論、それがすべてではない。

日本には語り尽くせないほどのエピソードを持つ霊鳥もいる。

（二）

日本の国鳥は雉《きじ》である。

桃太郎のお供であり、山火事の火が迫っても巣から離れずに卵や雛《ひな》を守るといわれ、地震を予知して鳴くとも噂されている。

悪い話はほとんどないが、これといった伝説もない。

この鳥が国鳥になった理由は、どうも日本の固有種だという以上でも以下でもないらしい。

但し、同じくキジ科、同じく日本の固有種であるヤマドリは、魔除けの力を持っている。

この鳥の尾羽は、魔祓いに用いる蟇目鏑《ひきめかぶら》の矢羽根になるのだ。

前節で記した鵺退治の話でも、源頼政が使った武器はヤマドリの尾羽のついた矢であった。

なぜ、雉ではなく、ヤマドリなのか。矢羽根としての強度や構造の問題なのかもしれないが、確たる理由がわからない分、気に掛かる。どこかに失われた伝説が眠っているのではなかろうか。

ともあれ、雉には何もない。何もないから国鳥なのか。

……何もないので、話を変えよう。

瓦屋根の飾りである「鴟尾《しび》」は、鳳凰《ほうおう》の羽ともいわれる。が、漢字の意味を素直に取れば、鴟尾は「トンビの尾」を指す言葉だ。

屋根につく鴟尾は災害除けの呪物であり、主に火伏の効果を期待されている。ゆえに、鴟尾は水に棲む魚類の尾という説もある。

火災防止というのなら、確かに水と親しい魚のほうが相応しいような気がする。が、鳥を使った例もないわけではない。

千代田区神田神社の屋根の上には都鳥が乗っており、こちらは水鳥ということで、やはり火伏の役割を担う。

しかし、いずれにせよ、トンビは水鳥でも魚でも、もちろん鳳凰でもないのであるから、「鴟尾」の文字の真意はわからない。

トンビは歌謡の題材にもなり、「トンビに油揚をさらわれる」という諺《ことわざ》もあり、身近で親しみのある鳥だ。また、古くは糞鳶《くそとび》と呼ばれたノスリは、天狗が化けたものともいわれ、伝承の世界でも活躍している。だが、みな、強い霊威を宿す存在としての扱いではない。

ただ「鳶」ではなく「鴟」「鵄」と表記したときにのみ、トンビの格はぐんと上がる。

実際、神武《じんむ》天皇を導いた金のトンビは「金鵄《きんし》」であった。

この差は一体、何なのか。

漢字本来の意味を求めて漢和辞典を引いたところ、「鴟」と「鵄」はトビの他にフクロウとも読むと記されていた。

「鴟」を用いた熟語として、「鴟目《しもく》」はフクロウの鋭い目つきのこと、「鴟張《しちょう》」はフクロウが翼を広げたように、勢い盛んで我が儘《まま》なことを意味するという。

「鴟」という漢字そのものも、「じっと止まっている鳥」を表す。

そして、「鵄」もまた、昼間はじっと枝に止まっているフクロウという意味がある。

ならば、天皇を導いたのは、金のフクロウだったのでは……。

または、当時の記録者の誤記か誤解だったりして……。

ううむ。答えは出そうにないので、また話を変えよう。

トンビより大型の猛禽類である鷹は、福岡県英彦山《ひこさん》神宮の神使となっている。

英彦山の縁起によれば、鷹の姿となって逆鉾岩《さかほこいわ》に降臨したご祭神・天忍穂耳命《あめのおしほみみのみこと》は、これまで山を治めていた三人の姫神に、こう告げたという。

「これより私がこの山に住もうと思うので、皆様は宗像《むなかた》にお移りください」

……なんだか、すっごく勝手な気がするのだが、三女神は素直に従ったので、こちらがとやかく言う筋ではなかろう。

ともかく、この伝説により、鷹は英彦山の神使となり、後代、三羽の鷹の姿が刷られた料紙は、御宝印という神札となって、起請文《きしょうもん》を書く紙に使われたという。

神札の起請文とくれば、本家は紀州の熊野大社だ。

ここの神使は八咫烏《やたがらす》で、熊野大社の神札には沢山の烏が描かれている。

烏は雀同様、日本全国どこにでもいる鳥である。

ゴミを荒らしたり、巣作りの時季に人を威嚇《いかく》したりする行動もさることながら、大きくて漆黒《しっこく》の翼を持った彼らに恐怖を覚える人も数多い。

しかし、実のところ、私は鳥の中では、烏が一番好きなのだ。

濡羽色と呼ばれる羽を持つ姿の美しさもさりながら、遊びを知るほどの頭の良さ、その記憶力も素晴らしい。

彼らは人間の顔を覚えるし、自分達に悪意を持つのか好意を寄せているのかを確実に見抜くし、毎日顔を合わせていると違う場所にいても寄ってくる。

私が烏好きなのは向こうもわかっているらしく、公園でベンチに座っていると、隣に降りてきて、こっちの顔を眺めていたりするから面白い。

身近であるということと、目立つ容姿と、その知恵で、烏は日本の鳥のうち、最も多くのエピソードを持つ。好悪はともかく、烏達の行動は人の目を惹きつけ続けてきたのだ。

もっとも、熊野神のお使いである八咫烏は普通一般の烏ではない。

八咫烏の「咫」は本来「あた」と読み、成人が手を広げた時の親指から中指までの長さを示す言葉である。

一咫は二十センチメートル弱なので、八咫だと百六十センチメートル弱となり、古代の日本人男性の身長程度ということになる。

もっとも八という数字には「大きい」という意味もあるので、八咫烏は単純に大きな烏を指すとも言われる。

また、日本サッカー協会（ＪＦＡ）のマークにも描かれているように、八咫烏の脚は三本あるとされている。

しかし、これは古代中国の伝承で、日本神話に登場した八咫烏に三本脚という記述はない。

八咫烏が最初に登場するのは、記紀神話。

神武天皇東征の場面だ。

八咫烏は天皇軍が熊野から吉野を経て、大和《やまと》に入ろうとするときに、軍の先導役として天照大神（『古事記』では高木神）の命を受けて高天原《たかまがはら》から派遣された。

こののち、神武軍が大和の菟田《うだ》（宇陀）を統治していた兄猾《えうかし》（兄宇迦斯）・弟猾《おとうかし》（弟宇迦斯）の兄弟に恭順の意を尋ねたときも、八咫烏は使者に立っている（話がずれるが、東征神話はまさに「勝てば官軍」の話なので、個人的には好きではない。菟田を統治していた兄弟の名に「狡猾《こうかつ》」の「猾」の字を当てて記したり、土着の氏族を土蜘蛛《つちぐも》だの国《く》櫟《に》《す》だのと貶《おとし》めるような名前をつけて、侵略を正当化するのが腹が立つ)。

この菟田における那賀須泥毘古《ながすねひこ》との戦いで、神武軍は太陽を背にすることで勝利している。

太陽を背にする戦法は、時代劇などでもときどき見るが、この場合は、太陽神が神武天皇の味方として働いたと解釈されている。

天照大神が遣わした八咫烏もまた、当然、太陽神の息が掛かった神鳥だ。

この太陽と烏の関係は、日本独自のものではない。

中国の伝説に出てくる三本脚の烏も、太陽の黒点に住む鳥、あるいは黒点そのものとされている。また、太陽と地上を行き来する鳥が烏だという伝説もあり、烏を太陽神そのものとしている話もあるという。

エジプトの神話でも、烏は太陽の鳥とされる。

また『カラスの教科書』(松原始著　雷鳥社)によれば、シベリアから北米の狩猟民はワタリガラスを祖霊とし、各部族には、烏が天界から火を持ってこさせたという伝説があったり、太陽から光をもたらした存在が烏だと伝わっているという。

世界を閉じ込めていた巨大な二枚貝をこじ開けて、烏が様々な物を取り出したため、今の世界ができたという神話を持つ部族もあるとか。

高みから下界を見下ろして、なんでも知っている鳥というのが、シベリア周辺に住む人々の鳥における解釈なのだ。

鳥は黒い鳥だけど、太陽という神そのものの象徴でもある。

ゆえに神話の八咫烏について、松原氏は、

『「日の御子」の一行に対し「太陽の鳥」であるカラスを遣わしたのも、不思議ではない気がする。』

と記している。

確かに東征神話を読むと、日本でも烏は太陽神と密接な関係を結んでいる。

日本サッカー協会の「八咫烏」も、熊野大社由来というわけではなく、「日の丸」からの連想だ。

ならば、逆に熊野の地にも、太陽神への信仰があったとみてもいいのだろうか。

話を少し前に戻すが、その熊野の大社にて頒《わ》けられた神札は、名称を熊野牛王神符《くまのごおうしんぷ》、俗に熊野牛王と称された。

熊野牛王は半ば記号化された烏即ち「からす文字」と宝珠を様々に組み合わせ、地名などを表したものだ。

いわゆる熊野三山――熊野本宮大社・熊野速玉大社・熊野那智《なち》大社には、それぞれ異なったデザインの神札が伝わっているのが面白い。

烏なのに、なぜ「牛王」なのか。

有力な説として挙げられるのは、貴重な漢方薬である牛黄《ゴオウ》を用いて、札に印を押す朱肉としたから、というものだ。烏と牛が仲良しというわけではないので、ご注意を。

この熊野牛王は、元々厄除けの護符であったが、半紙ほどのサイズがあるせいか、時代が下るに従って、その裏に誓約を記す誓紙として用いられるようになってきた。

そこに記された起請を破ると、熊野の神の使いである烏が死に、破った本人は血へどを吐いて死んで、地獄に堕ちるとされる。

この話は広く伝わり、遊女の起請文にも使用されたし、『忠臣蔵』で有名な赤穂《あこう》浪士も、熊野牛王を誓紙にして、仇討《あだう》ちを誓ったと伝わっている。

また、熊野牛王は焼いて灰にしたり、からす文字を切り取って飲ませても効果は変わらないとされ、やはり違約者は血を吐いて死ぬ。……正直者以外には、かなり怖い護符となっている。

誓約に神札を用いることは、そこに宿った神、即ち熊野の神を立会人にすることだ。

破れば、神の使いが死ぬ。そうなれば、当然、神は怒って神罰を下すというわけだ。

理は通っているが、熊野の神そのものの働きに、誓約の神という側面はない。烏もまた同様だ。

身も蓋《ふた》もない言い方だけど、この伝説の成立はやはり、熊野牛王のサイズが大きかったということに尽きるのではなかろうか。

ところで、神武天皇を導いた八咫烏は、建角身命《たけつぬみのみこと》という神の変化であるとも伝わっている。

ゆえに、熊野速玉大社境内の八咫烏神社、熊野那智大社境内の御県彦《みあがたひこ》社では建角身命を祀っている。が、この神は京都下鴨神社の祭神であり、本来は賀茂《かも》氏の祖先神だ。

事実、京都上賀茂神社では、烏に扮《ふん》した氏子が相撲を取る「烏相撲」という神事があり、賀茂氏との繋がりを匂わせている。

しかし、賀茂氏のトーテムは名のとおり、まず鴨であり、また、三輪の大物主命《おおものぬしのみこと》との関係から、蛇もその役を担っている。

そこに烏が加わって、八咫烏＝建角身命説が記されたのは、平安時代初期に成立した『新撰姓氏録』であるという。

記紀神話の成立から、ずいぶん後の時代の話だ。

なぜ、この時期に、賀茂氏と八咫烏が関係を結んだのか。

こういう話は往々にして政治的背景がつきものなのだが、私の手に負えるものではないので、考察は学者さんに任せたい。

ともあれ、賀茂氏がこの時期に、烏の霊威をも己の手中に収めたのは確かなことだ。

賀茂氏の本拠地とされる葛城山《かつらぎさん》近隣は明日香、即ち「飛鳥」の地だ。彼らは殊更、飛ぶ鳥に力を感じていたのかもしれない。

実際、烏は熊野と八咫烏の関係を離れても、各地で神使とされている。

鷹となった天忍穂耳命によって、三人の女神が英彦山から追い出された話は先に記した。

広島県厳島神社には、その女神達が鎮座地を探していたところ、烏に先導されて、安芸《あき》の宮島に落ち着いたという伝説が伝わっている。

ゆえに、厳島神社では烏と鹿を神使とし、末社の養父崎《やぶさき》神社では「御烏」を祭神として祀っており、境内ではなんと本物の、生きた烏が養われている。

この烏は「御鳥喰式《おとぐいしき》」という神事に用いられる。

厳島神社では末社九社を船で巡拝する「御島廻式《おしまわりしき》」の際、養父崎神社沖の海上で「御鳥喰式」を執行する。

資料によると、この神事は、海上に浮かべた粢《しとぎ》に御幣と粢団子というものを載せ、飛んできた二羽の神烏《おがらす》が食べるか否かで、神意を占うものという。

同様の祭りは滋賀県の多賀大社、名古屋の熱田神宮にもあり、また民間では「蒔種時期の違う種籾《たねもみ》で作った餅をカラスに捧げ、どの餅を食べるかでその年の田植えの時期を決める」（『カラスの教科書』）烏勧請というものも存在する。

田植えの時期は日照と関係しているため、それを烏に決めさせるのは、やはり烏と太陽に関連を見ているからではないか、と、松原氏は推理している。

武蔵国の総社である東京都府中市の大國魂《おおくにたま》神社では、「すもも祭」のとき、豊作祈願、害虫駆除の御利益があるとして、からす団扇《うちわ》とからす扇子を頒布する。

ちなみに、ここの主祭神は大国主命と同神とされる大國魂大神《おおくにたまのおおかみ》であり、烏と直接の関係はない。

そのほかにも、烏ゆかりの神社はある。

同じく東京の烏森神社は、「神烏の群がる地を神社とせよ」と、なぜか白狐に告げられた俵藤太《たわらとうた》が建てたとされる。

福岡県福岡市の小烏神社の祭神は、賀茂氏の祖・建角身命だが、徳島県阿南市の古烏神社は、記紀神話には登場しない建比賣命《たけひめのみこと》が祭神となる。

香川県丸亀市には木烏《こがらす》神社というところもあり、日本武尊《やまとたけるのみこと》（一説に、讃岐《さぬき》の国造武殼王《たけかいこおう》）の悪魚退治の案内役を務めた烏を祀っているという。

……くどくどと記してしまったが、烏と神との関わりを示す話が残るのは熊野だけには限らないということだ。

烏を嫌う人も多いが、ほかのどんな鳥よりも、この鳥は多くの神に寄り添い、神に近い場所にいたのだ。

もっとも、キリスト教圏における烏は魔女の使い魔とされている。

これは黒猫同様に、黒色の持つイメージが大きな理由と思われる。だが、日本でも墓地に烏はつきものだし、ハシブトガラスら、肉食、雑食の烏らが死者の肉を啄むことは事実としてある。

烏は死の象徴でもあったのだ。

しかし、日本の場合、その理由は黒という色には依っていない。

喪の色が黒となったのは最近で、白――何の染色も施さない生成《きなり》の色を、昔は死の象徴とした。

死装束が白いのは、その伝統を引き継いだものだ。

ゆえに、むしろ白い鳥を、古代人は死と関連づけた。

同じく日本神話に出てくる鳥、白鳥がその典型だ。

白鳥は日本武尊（『古事記』では倭建命）の化身だ。

死してのち、命は八尋白智鳥《やひろしろちどり》とも呼ばれる白鳥となり、各地を巡ったのち、天に飛び去る。

『古事記』では、白鳥の飛行ルートは伊勢国から河内国《かわちのくに》とあり、『日本書紀』では命が身罷《みまか》った能褒野《のぼの》（三重県亀山市）から大和国琴弾原《ことひきのはら》（奈良県御所《ごせ》市）、河内国旧市邑《ふるいちのむら》（大阪府羽曳野《はびきの》市）とされている。

『日本書紀』に記されたこの三ヶ所には、今に残る御陵があり、白鳥三陵と称されている。

中でも、最も規模の大きい羽曳野市の前方後円墳は、現在、宮内庁によって日本武尊白鳥陵に治定《じじょう》されている。

羽曳野という名称自体、空に向かう白鳥が「羽を曳くように」飛び去ったことが由来となっているという。

しかし、白鳥が降りた土地毎に御陵を造ったというのなら、それらの中に命の遺体はないことになる。

数ある古墳の中には、こういったモニュメント的なものもあるということか。

とすると、古墳の定義自体、一般認識と変わりはしないか……？

うむ。どうも、鳥の話は変なところに引っかかりがちだ。

話を戻そう。

魂の乗り物となる生き物が白鳥であった理由が空を飛ぶことと、白という色にあることは明白だ。

古代、日本には死後の世界と呼ばれる場所が、大雑把に分けて三種類あった。

歩いていける水平な他界「黄泉《よみ》の国」と、山という異界にある他界、海の彼方の他界の三つだ。

なんともバラエティに富んでいるが、それに加えて、天武《てんむ》天皇の頃より始まった火葬の普及で、空の上にも他界ができ、仏教伝来によって、地下――地獄という他界ができた。

なんだか他界だらけだが、その中、日本武尊の化身となった白鳥は、最後に天の他界を目指した。

記紀神話の成立と日本初の火葬のどちらが先か、微妙なところではあるが、白鳥伝説が空の彼方に他界を見、記されたのは確かだろう。

空だけではない。

鳥は地面にこそ潜らないが、山にも棲み、海の上にも舞っている。

つまり、翼を持つゆえに、鳥達はいくつもの異界を自由に往来できる存在なのだ。

事実、『古事記』の中には、白鳥伝説以上に、鳥と死・葬送の関わりを示す話がある。

――神武天皇以前の神代、高天原の神々は葦原中国《あしはらのなかつくに》を平定するため、天菩比神《あめのほひのかみ》を遣わした。だが、神は戻ってこなかったため、次に天若日子《あめのわかひこ》を遣わした。

しかし、天若日子も大国主神の娘と結婚し、高天原に戻らなかった。そこで、天照大神と高御産巣日神《たかみむすびのかみ》は雉の鳴女《なきめ》を遣って、戻ってこない理由を尋ねさせることにした。

けれども、それを見た天佐具賣《あめのさぐめ》という女は「声が悪いから殺してしまえ」と天若日子をそそのかし、彼は雉を殺してしまう。

雉を殺すために放った矢は高天原まで飛んでいき、それを見た神々の誓約により、天若日子に返ってその胸に刺さった。

天若日子の死を聞いた神々は、その背信を知ると共に嘆いて喪屋を建てる。

そこで、きさり（旗）を持つ役を河雁《かわかり》に、祭壇を箒《ほうき》で掃き清める役を鷺に、死者に食事を供する役を翡翠《かわせみ》に、死者に捧げる米を搗《つ》く役を雀に、泣き女の役を雉に与えて、八日八晩弔った……。

記された部分は、古代の葬送儀礼を知る上で貴重な記述だが、何よりその儀礼の執行が鳥達に託されているのが注目される。

この話に出てきた、河雁・鷺・翡翠・雀・雉は、死を扱うことのできる動物として認識されていたのではないか。

神話のこの部分を読むと、私はいつもイギリスの伝承童謡『マザー・グース』のひとつ「Who killed Cock Robin?」を思い出す。

この歌では「誰が駒鳥殺したの？」という問いかけに雀が応じたのち、虫や魚などと共に多くの鳥が葬式の段取りを整える。

そこに出てくる鳥の名は、フクロウ・烏・雲雀《ひばり》・紅雀・鳩・トンビ・ミソサザイ・ツグミ。

時代も違うし、『マザー・グース』のこの歌は、鳥の葬儀ゆえに鳥達が主体となっているともいえる。だが、国と時代を超え、鳥とあの世を結ぶ何かを、人は感じ取っているのではなかろうか。

烏を頂点とした幾種類かの鳥達は、確かに神々しい光を纏《まと》っている。

しかし、その烏も、また時を作る鶏でさえ、死をはじめとした陰翳《いんえい》を帯び、異界と現世を行き来する。

鳥に限らず、今まで記した動物達にも共通して言えることだが、霊威の強い動物ほど、吉凶の振れ幅もまた大きい。

結局、神秘というものは、文字通り神の秘密であって、人智を超えたものなのだ。

人にその禍福は定めがたく、御しがたい。

自然という名の神に近い動物達に、人は決して敵わない。

ゆえに電線で囀る雀にすら、ときに、私達はただならぬ力を感じてしまうのだ。

馬の部屋

サラブレッドを見慣れた目で日本の在来馬を見ると、あまりの小ささに笑みが零《こぼ》れる。日本の在来馬はすべてポニーほどの大きさしかない。体の割に大きい顔も、太く短く逞《たくま》しい脚も、なんとも言えず可愛らしい。

『源平盛衰記』一の谷の戦にて、源 義経《みなもとのよしつね》は鵯 越《ひよどりごえ》の奇襲を掛ける。そのとき、畠山重忠《はたけやましげただ》は馬を損ねてはならないと、愛馬を担ぎ、自ら急坂を下っていった。

このエピソードを架空のものと考える人も多いけど、在来馬ならば不可能ではない。彼らはまったく愛らしいのだ。

だが、霊能動物としての日本の馬は、相当手強《てごわ》い存在だ。

馬は神の乗り物でもある反面、怖く、気味悪く、死に近い。人の身近にいたせいか、彼らにまつわる話は生々しい。

『平家物語』には「いけずき」と「するすみ」という名馬が出てくる。

「いけずき」は生ずき、生食、生喰、生唼、池月、「するすみ」は磨墨、摺墨、する墨などの表記があるが、この「いけずき」は表記によって、印象が大きく異なる馬だ。

「いけずき」を生食、生喰、生唼と記したとき、この馬は御しがたく獰猛《どうもう》な馬となる。

三つの表記はいずれも生き物――人を喰らうほどの猛々しさを表しているのだ。

草食の馬が人を食うなど、あり得るはずはないのだが、説経節『小栗判官《おぐりはんがん》』には、鬼鹿毛という人食い馬の話が出てくる。

二条大納言兼家《かねいえ》の子小栗は、訳あって関東に下り、横山某（諸説ある）の娘、照手姫《てるてひめ》と恋仲になる。しかし、横山はふたりの結婚を許さず、小栗を亡き者にしようと難題を出す。

「乗りこなせない奥州の野生馬がいる。そいつを一馬場乗ってみせていただきたい」

快諾して小栗が厩《うまや》に行くと、馬房の先に広がる萱原《かやはら》に、人の白骨や髪の毛が算木を散らしたようにうち捨ててある。

乗りこなせと言われた馬は、人食い馬・鬼鹿毛だったのだ。

小栗はそんな鬼鹿毛に、「一馬場、乗せてくれたなら、死後は馬頭《ばとう》観音として祀ってあげよう」と持ちかけて、見事、難題をクリアする。

――無論、これは物語の中の話だ。

だが、馬頭観音は人の煩悩や無明《むみょう》の障りを、馬のごとくに食らい尽くすと言われている。つまり、鬼鹿毛は人の命の代わりに、人心の悪《あ》しき部分を食い尽くす仏になることを選択したのだ。ある意味、人を食うという性質はそのまま残っている。

この馬頭観音の馬頭を「めず」と読んだ場合には、頭部が馬の鬼となる。

馬頭は牛頭人身の牛頭《ごず》とセットになっており、地獄にて亡者を責め苛《さいな》む獄卒鬼の一である。

経典では、地獄に堕ちた人のうち、牛を食べていた者には牛頭が多く来、馬に乗って、馬を苦しめていたならば馬頭が多く来るとある。

恐ろしい彼らの姿は、人が使役し、食用とした罪の意識から来るのだろう……。

こう結んでも間違いではないと思うが、馬に対する人の思いは、そこまで単純なものではない。

『人・他界・馬　馬をめぐる民俗自然誌』（小島瓔禮編著　東京美術）には、伊豆諸島では、一月二十四日と二十五日に、恐ろしい神霊が来訪するという言い伝えがあり、この間、村落では厳重な忌み籠もりが行われた、と記されている。

その中、三宅《みやけ》島では二十四日の夜、首山《コーロベ》から「首さま」という神霊が飛んできて、村中を回るとされている。

「首さま」は馬の首だ。

なぜ、首だけが飛び回るのか。適当な理由は見つからないが、日本人は昔から、馬の首に特別な意味を見出していたらしい。

静岡県では、家に馬の頭骨を掛けておくという風習があった。丸子宿《まりこしゅく》近くの泉ヶ谷の熊谷家には、名馬「するすみ」の首の骨というものがあり、その霊験で火災に遭わず、骨を掛けた柱に病気の馬を繋いでおくと、具合が良くなると伝わっている。

また、岩手県遠野市でも、馬が死ぬと、首を切って杭《くい》の先に掛け、家の門口に立てておいた。岩手県下閉伊《しもへい》郡岩泉町の山王神社では、赤や白に染めた布を裂いて馬の頭骨から垂らし、天井に吊したと伝わっている。

頭蓋骨といえば、狼のそれも魔除けに使われた。だが、日本において生態系の頂点に立った動物と、人に使われる家畜では随分、質が異なるようだ。生憎、私はその差違をうまく語ることはできない。が、馬の首は魔除けどころか、魔そのものとなるときがある。

夜道を歩いていると、古い榎《えのき》から、突然、馬の首がぶら下がる——。これは「さがり」という妖怪だ。

取って食うようなことはしないが、ビジュアルは相当気味悪い。

その首が、徳島県では夜更けに飛び回るという。三宅島の話に似ているが、こちらは神霊ではなくて、ただの魔物、妖怪だ。

徳島県では、また、首のない馬が出るという話も多い。

「首切れ馬」「首無し馬」とも呼ばれるそれは、徳島のほか、高知、島根、愛媛、福井などの県と淡路島、八丈島にも出没している。

遭遇すると、蹴り殺されるとも言われるが、具体的な話は少なく、多くは見ることそのものを忌む。

また、この首切れ馬は人ならぬモノを乗せるときがあり、鬼や死者を引き連れる。

それらすべてをひっくるめ、徳島や広島では「夜行《やぎよう》さん」と呼んでいる。

……名前だけでも、なんだか怖い。

夜行さんの上には片眼の鬼や亡霊が乗る。通り過ぎるときは馬の鈴がジャンジャン聞こえるとも言うし、地方によっては姿はなく、ただ錫杖《しやくじよう》を鳴らして通り過ぎるというものもある。

徳島県那賀郡では、大晦日《おおみそか》、左片袖だけの大振袖を着た姫が、首切れ馬に跨がって山から下りてくるという。

元は殺された京都の女性で、命日に当たる大晦日に、屋敷跡から怪火の行列と共に現れるとされている。

想像すると綺麗だが、その分、凄まじい雰囲気がある。

この伝説のみならず、夜行さんの多くは、大晦日や節分、庚申の日、そして夜行日に現れる。

夜行日とは、陰陽道による忌日のことだ。

即ち、正月・二月は子《ね》の日、三月・四月は午《うま》の日、五月・六月は巳《み》の日、七月・八月は戌《いぬ》の日、九月・十月は未《ひつじ》の日、十一月・十二月は辰《たつ》の日で、この日はいわゆる百鬼夜行が跋扈《ばっこ》する日とされている。

そこに大晦日や節分、庚申を合わせると、多いときは月五回、夜行さんが出ることになる。陰暦を知らないと、おちおち夜道も歩けないわけだ。

出現の日にいわゆる節句が多いのは、その日が季節の境目だからだ。

境目には隙間ができる。その隙間から、この世ならぬモノ達は湧き出してくる。

多くの年中行事が失われた現代においても、一般家庭ですら節分には厄除けをする。それを考えれば、節分や大晦日など、節目、境目に当たる日の危うさがわかるに違いない。

馬の伝説で、夜行さん以上に知られているのは、東北のオシラサマだろう。

オシラサマについての諸々は、多岐に亘っていて書き切れないが、一般的には蚕の神であると言われている。

柳田國男が『遠野物語』で記して以降、全国に知られた話なので、ここでは簡単に紹介しよう。


――昔、貧しい農家に美しい娘がいた。その家では一頭の馬を飼っていた。娘は馬を愛して夜は厩に寝泊まりし、ついに夫婦となってしまった。

怒った父は、馬を桑の木に吊り下げて殺す。娘は馬の死を知ると、馬に縋り付いて泣いたため、父はさらに怒って、斧《おの》で馬の首を切り落とす。すると、娘はすかさず馬の首に飛び乗って、そのまま天へ駆け上った。

このときに生まれた神がオシラサマで、馬を吊り下げた桑の木で、オシラサマの像を作った。


妙に血腥《ちなまぐさ》い話だが、東北のイタコ達が伝えるオシラ祭文では、後半の話が異なっている。

――殺された馬は皮を剝《は》がれ、その皮が桑の木に掛けられる。娘が来ると、その皮が娘をくるんで天に昇る。そして、娘は蚕となって再び天から下りて、桑の葉を食べ、繭《まゆ》を作る。

血腥いのは同じだが、こちらのほうが養蚕神の由来としてはわかりやすい。蚕の幼虫には馬蹄《ばてい》形の模様があることから、馬と関連づけられたとも言われている。

しかし、これまた、話はそう単純ではない。

日本神話では、天照大神が天の岩屋戸に籠もる理由として、素戔嗚尊の暴挙を挙げる。


『天照大御神、忌服屋《いみはたや》に坐《ま》して、神御衣《かむみそ》織らしめたまひし時、その服屋の頂《むね》を穿《うが》ち、天《あめ》の斑馬《ふちこま》を逆剝《さかは》ぎに剝ぎて堕《おと》し入るる時に、天の服織女《はたおりめ》見驚きて、梭《ひ》に陰上《ほと》を衝《つ》きて死にき。』（岩波文庫『古事記』倉野憲司校注）

傷ついたのは、『日本書紀』では天照大神自身となっているが、問題はそこではない。馬の皮が逆さに剝がされたこと。そして、その皮が天井から機織り場に投げ込まれたことだ。

『延喜式』にある「大祓詞《おおはらえのことば》」の祝詞《のりと》には、祓うべきものとして、主に農耕における禁忌――天津罪と、病や災害に関する禍《わざわい》――国津罪がある。

その天津罪の中には、馬の皮を生きながら剝ぐ「生剝《いきはぎ》」と、馬の皮を尻の方から剝ぐ「逆剝」が入っている。

今でも我々は「さくら肉」と称して馬肉を食べるが、馬は元々、労働力であると同時に食用であり、皮や毛も様々に利用されてきた。

残酷だという人もあろうが、牛や豚も同じだし、狩猟獣である鹿や熊、鯨、そして犬や猫も皮には用途があった。

屠《ほふ》るにせよ自然死にせよ、生き物の肉体を無駄にしないというのが古代のひとつの考え方だ。そういった、ある意味、当たり前の動物利用法の中、なぜか、馬の皮の剝ぎ方だけが「大祓詞」で注目される。

天津罪は八つある。八つのうち、ふたつをそこに充てるというのは異様な気がする。

一方、国津罪は、その筆頭に「生膚断《いきはだたち》」と「死膚断《しにはだたち》」を挙げている。

一般的な解釈では、人に対する傷害と死体損壊に相当するとされる。……が、どうだろう。

十五世紀に興ったアステカ文明におけるシャーマンは「剝いだ人間の生皮」を頭から被って神事を行った。

日本ではそういった行為は確認されていない。だが、なんらかの用途で人皮を用い、それがいつしか禁忌とされた可能性はないのだろうか。

……まあ、生々しく想像するのはやめておこう。

ともあれ、馬の皮を剝ぐ行為と人の皮膚を傷つける行為が、禁忌として併記されているのは興味深い。

生きている馬の皮を剝ぐ「生剝」が許されないのは、今の倫理からも妥当だが、「逆剝」もまた罪深い。

どんな動物の場合でも、皮を剝ぐときは頭から剝ぐ。それを「逆剝」することは、皮を台無しにすること、即ち命を無駄にすることだ。これもまた許されることではない。

ただ、話を素戔嗚尊に戻すと、少し様相が違ってくる。

特に、オシラサマの由来と比べると、興味深いことが見えてくる。

素戔嗚尊は逆剝の馬皮を天から落とし、それに驚いた機織女は陰部を傷つけて死んでしまう。一方、オシラサマの由来は、恋仲となった馬の皮に包まれて、娘は天に昇って蚕神となった。

異類婚とはいえ、オシラサマは通常の男女の交わりをなし、順当に剝がされた馬皮を介して昇天した。そして、織物の原料となる蚕をこの世にもたらしたわけだ。

片や、素戔嗚尊は天から逆剝の馬皮を落とし、衣を織っていた女性の生殖器を傷つけて、死に追いやった。

つまり、ふたつの話は順と逆。真っ向から対立している。

これはもう偶然ではないだろう。

オシラサマの伝説は、記紀神話を知った誰かが作り出したものなのか。いや、通常、タブーは正統を侵す形で作られる。ならば、神話が成立した時代、既にオシラサマの骨子となった話は存在していたに違いない。それがオシラサマという形で、東北に残ったのではあるまいか。

馬の皮と養蚕、機織りは古代から繋がっていたのではないか……。

生憎、なぜ馬と蚕が関係するのか、理由は私にはわからない。

だが、養蚕を介して、馬が神そのものと見なされたのは確かだろう。


さて。冒頭、「いけずき」の話をしたが、この名馬が「池月」と記されたとき、話は美しいものとなる。

まずは東京、洗足池に伝わる伝説だ。


——小田原石橋山の合戦に敗れて安房《あわ》に逃れた源《みなもとの》頼朝《よりとも》は、再起を懸けて鎌倉に向かう途中、洗足池の畔《ほとり》に宿営した。

その晩、どこからともなく青毛に白の斑点を浮かべた、見るからに素晴らしい野馬が頼朝の眼前に現れた。池に映る月のごとくに美しい馬だったため、頼朝は「池月」と名付け、自身のものとした。


そののち、池月は佐々木高綱《ささきたかつな》のものとなり、宇治川にて梶原景季《かじわらかげすえ》との先陣争いを制し、死後は駒形明神として祀られる。

駒形明神は現存しないが、神奈川県横浜市港北区にある馬頭観音堂が当該地とされ、現在、競馬関係者の崇敬を受けているという。

また、徳島県美馬《みま》市は、池月の生まれ故郷として、市のホームページにこんな伝説を載せている。


『池月は、沼田の在所の飼い馬を母とし、半田山の暴れ馬を父として生まれたひときわ元気な馬。父馬から吉野川の急流で泳ぎを教わり、日々たくましく育っていきました。ところがある日のこと、母馬は沼田の大池に落ちて亡くなってしまいます。

月の美しい夜、母恋しさに大池の土手でたたずむ「池月」。池の中を見ると、母馬の姿があるではありませんか。それは月光に映し出された自分の姿とも知らず、何度も何度も池に飛び込むのです。この姿を見た村人は、馬の名を「池月」としました。

後年、宇治川の先陣争いに勝利できたのは、ふるさと吉野川や大池での水練のたまものに違いありません。(後略)』

今、大池は見当たらないが、沼田地区には池月公園があり、母馬の墓石が建っている。ふたつの伝説を眺めると、池月の名は近隣の池や毛色から命名されたように思えるが、どうやら、馬の魂は水と深く関わるらしい。

神奈川県の箱根神社奥宮にあたる駒形神社には、馬乗石・馬降石という磐座《いわくら》がある。馬乗石は箱根権現が白馬に乗って天に昇るときの足掛かり、馬降石は天から降り立つときに用いる石と伝わっている。

石には馬の蹄跡に似た窪みがいくつかあり、一番大きな窪みに溜まっている水は、如何なる時も涸《か》れないとされる。

ギリシャ神話には、ペガサスが蹴った地面から水が湧き出したという話がある。中国には、馬が蹄《ひづめ》で掻いた地面から水が湧くという伝説がある。

また、八卦《はっけ》の起源とされる図に河図《かと》・洛書《らくしょ》というものがあるのだが、河図の図は黄河から出現した龍馬《りゅうめ》の背に描かれていた。

龍馬はずば抜けた駿馬を指す言葉だが、その根底には水を介した竜神と馬との関係が潜んでいる。

水の神を祀る京都の貴船神社や奈良の丹生川上《にうかわかみ》神社には、日照りのときには黒馬が、長雨のときには白馬が奉納されていた。

これもまた、なぜ馬なのかはわかっていないが、もしかすると、馬は水神の眷属だという考え方が古《いにしえ》にはあったのかもしれない。

いや、奉納だから、捧げ物――生け贄でもあっただろうか。

『日本書紀』皇極天皇元年（六四二）七月の項には、雨が降らないために牛馬を殺し、諸社の神を祀ったとある。

馬は神への祈りのため、生け贄とされる動物でもあったのだ。貴船神社に奉納された馬達も、本来は生け贄として捧げられたのかもしれない。

こう書くと、馬の命は軽いようにも思えるが、神への供物は美しいもの、貴重なものだ。

綺麗な娘や子供が生け贄に選ばれるのは、尊い存在だからこそ。

馬の命も尊いゆえに、神に捧げられたのだ。

実際、馬は人と等しく扱われていた。

馬の産地である東北では、馬と人は文字通りひとつ屋根の下に住み、正月料理が振る舞われ、死んだ場合は塔婆が立てられ、供養のために馬頭観音が祀られた。

馬を守護する「蒼前《そうぜん》さま」という神様もいて、厩では祭りが行われた。

家畜は財産でもあったので、皆、それなりに大事にされたが、武士からも求められ、愛された動物は、馬以外にはないだろう。


人に大切にされるというのは、注意深く観察されることでもある。

その結果、人々は大事な馬を殺してしまう魔物がいることにも気がついた。

ダイバ、ギバと呼ばれるそれは、突然、天から現れて、馬を殺す妖怪だ。

地方によって呼び名や行動に相違はあるが、ともかく、これに出会ったら、馬は頓死してしまう。

ダイバは、カマイタチの一種とも言われ、白虻《しろあぶ》のような虫ともされるが、江戸後期、三好想山《みよししょうざん》が記した『想山著聞奇集』には、禍々しい女の姿が描かれている。

『ギバは女で、玉虫のような黄金色で、鹿ぐらいの大きさの小さな馬に乗っている。猩々緋《しょうじょうひ》の衣服を着て、女雛のような金の瓔珞《ようらく》をかぶり、切れた凧《たこ》のように天からひらひらと降りて来る。』（『人・他界・馬 馬をめぐる民俗自然誌』）

ギバが来ると、馬はただ事でない様子でいななく。そして女が馬の顔に乗ってにっこり笑うと、馬はたちまち倒れるという。

——美しい分、不気味な感じだ。

このギバの話に限らず、女が馬を取り殺す、あるいは女が馬に乗ってはならないという話は各地にあったらしい。

先程の夜行さんの話でも、首切れ馬に乗ったのは、片袖のお姫様だった。

しかし、大晦日に現れるのは、夜行さんばかりというわけではない。この日は神が来る日でもある。ゆえに夜行さんの本来は、神の移動を人間が見ることを禁忌とした習俗の名残という説もある。

実際、沖縄では、ノロと呼ばれる高位の巫女は馬に乗る。沖縄の女神も馬に乗って現れる。また、ノロや民間巫者・ユタは、しばしば馬に乗った神から霊的な力を授かるという。

ギバも、その姿は神に近い。

オシラサマも神様だった。

もしかすると、女性が馬に触れるというのは、神になる徴《しるし》だったのかもしれない。

ゆえに、神性なき女が触れると、人も馬も穢《けが》れを受けて、魂を病むのかもしれない。

そして、たまさか馬と触れあった普通一般の女性は妖怪となり、場合によっては、自身が馬を殺してしまうのかもしれない……。


馬は人と同様に扱われるほど、大切で貴重な動物だった。

同時に、馬は魔物であり、神の乗り物でもあり、神そのものとして水を司り、蚕を育て、一方で神に捧げられ、女を神にし、女によって殺される存在でもあった。

その霊能は複雑すぎて、まとめることは叶わない。

ただ、ひとつ憶えておいてほしいのは、我々はつい最近まで、危うく美しいこの動物を、身近に置いて、可愛がり、共に暮らしていたということだ。

憑きものの部屋

（一）

一、どこかから来て、縁もない人に取り憑くもの。
二、ひとつの家系が血筋によって受け継ぎ、増やすとされるもの。
三、祈禱師などが使役する、式神的な働きをするもの。

『狼の部屋』にて、私は憑きものを大きく三種類に分類した。

今回、俎上《そじょう》に載せるのは、主にこの中の二と三だ。

そこに属する動物達で、一般の図鑑には載っていないものについて記していきたい。

今まで記してきた動物達は、竜を除いて、いずれも実在する生き物だった。

それらの動物達が有する霊威は、生態や行動、姿形に起因している場合も多い。

しかし、元々「知識階級」から存在を否定されている動物については、どう考えればいいのだろうか。

無難な回答はこうだろう。

――「それは想像の産物だ」


何種類もいる憑きもののうち、オーサキについては『狼の部屋』にて少々取り上げた。このオーサキはじめ、憑きものと呼ばれる動物達のほとんどは地域や家筋に属している。

『憑きものの部屋』を記すに当たって、一番厄介な問題は、これらにまつわる差別の話だ。

如何にのらくら躱《かわ》そうと、憑きものを持つとされる家系の多くは、その地域において差別を受けた。

理由はこれも前に記した。

彼らは憑きものを使って人の富を盗み、場合によっては人命を脅かすとされてきたからだ。

『憑きもの持ち迷信　その歴史的考察』（明石書店）を記した速水保孝氏は、自身が出雲地方にて「狐持ち」といわれる家の出だった。

ゆえに、その著書には、研究書という枠を超えた生々しい差別の実態が描かれている。

学校で良い成績を取れば狐を使ったと苛められ、狐持ちゆえに晩婚となり、漸く都会で縁を得たにも拘わらず、嫁の祖母から猛反対される……。

速水氏は自らの体験を語る。そして、周囲の事件をも記す。

昭和二十七年（一九五二）、毎日新聞島根版に載った心中事件は衝撃的であり、残酷だ。

この事件の原因は、女性が速水氏同様の家筋であったことにある。

女性の家系が「狐持ち」であったため、結婚を認められなかったふたりは、別の場所で同日同時刻、青酸カリをあおって亡くなったのだ。

『富江さんの家から操君の方に、せめて同君の遺品をと願いでたが、狐持ちだという世間のうわさがどこまでも禍して、このささやかな願いもついに聞き入れられなかった。』

駆け落ちしてしまえばよかったのに……と思うのは、私が今の人だからだろう。

戦後とはいえ、まだまだ当時の結婚は、家・家系と強く繋がっていたのだ。

ただ、これは差別ではあるが、相手を低く見ての行為ではない。

男性側が遺品のひとつも渡さなかったということには、女性の家筋に対する恐怖がある。

「操君」の家族らが忌避したのは、本当は「富江さん」の血筋ではなく、彼女の家に棲むという、得体のしれない魔物的な獣の影だったに違いない。

そういう世間の眼差しを冷静に受け止め、速水氏は問題に真っ向から向き合った。

憑きもの筋に対する差別のほとんどが、新興富裕層に対する妬みから生じたという見解は、現在、定説にもなっている。が、これこそ速水氏の研究と分析がもたらした成果でもある。

氏はまた、出身地である出雲地方にて、狐持ちについて記された文献が、天明六年（一七八六）の『人狐物語』より遡らないことを発見し、狐持ちの存在自体にさしたる歴史がないことをも明らかにした。

『人狐物語』には、狐持ちの起源は享保頃にあり、「狐持ちに指定される家は、金持ちの家で、指定する者は、この金持ちによって搾取され」（速水氏）た没落農民であることが記されている。そして、この金持ち達は皆、性格が悪いことにもなっている。

要は、搾取された側にとって邪悪な存在となる成功者が、憑きもの筋とされたわけだ。

なるほど。

なんともわかりやすい。

しかし、貧しい善人と富める悪人といった図式は、この時代に成立したものではないだろう。ただの恨みや妬みから憑きものを創造するには、かなりの飛躍が必要だ。

悪としての富者と獣は、何故結びついたのか。

それまでとは異なった要因があるのではないか。

私はそう考えた。

そして、『人狐物語』を見直すと、ふたつの年号が目を引いた。

『人狐物語』が世に出た天明。

その中で、狐持ちの始まりと記される享保。

調べるまでもなく、このふたつの年号には大きな共通項がある。

飢饉――大飢饉の起こった時期だ。

享保の大飢饉は、冷夏と共にイナゴなどの害虫が大発生し、中国・四国・九州という西日本一帯に深刻な状況をもたらした。

天明の大飢饉は、三原山、桜島、岩木山、浅間山という、四つもの火山が連動して噴火したのち、寒冷化により、東北を中心に全国で起きた。

これによって、享保の大飢饉では飢民約二百万人、天明の大飢饉では約九十万人もの人が餓死・病死したとも伝わっている。

巷《ちまた》から食料が失せ、多くの人が痩《や》せ衰えて死んでいく……。この風景と、憑きものの出現が重なっているのは偶然なのか？

享保の大飢饉の中心地と、憑きもの達が跋扈する地が重なっているのは、たまたまなのか？

――少し想像を逞しくしてみよう。

憑きもの話の定型に、飢饉の惨状を当てはめたとき、搾取された農民はただの貧農ではなくなってくる。

口減らしのために子供を殺し、枯れ草の根を食っても生きられず、皆が餓死していくという地獄を眼前にした人々だ。

そして、性格の悪い富者は単なる欲張りや意地悪を超え、村人達の死を横目に、蔵に米を貯《た》め込んでいる無慈悲で冷酷な人となる。

実際、天保の大飢饉では、皆が餓えている最中でも年貢の取り立てが行われた。

大名達は米価の高騰を好機とし、逆に年貢を厳しく取り立て、売りさばいたという話もある。

その徴税に荷担した庄屋や、蔵にしまった米を高値で売りつけようとする人々を、農民達はどう見たのか。

牛馬までが骨と皮だけとなって死に、または食われていく中で、閉ざされた米蔵から太った鼠や、その鼠を狙う蛇などが出てくるのを見たならば……。

私なら、きっと肥えた鼠らに化け物じみた気配を感じ、その「養い手」である人々に、激しい憎悪を抱くだろう。

まして、その人々が、過去になんの親交もない外から来た家の者ならば、憎悪の感情は一層強い。

——なんなんだ、あの余所者は。私達村人を見殺しにして。

——なんだ、あの家の鼠は。私達よりも太っているじゃないか。

——そうだ。きっと、あの鼠は普通の鼠とは違うんだ。余所者の家で養われている化け物なんだ。奴らは化け物鼠を使って、米を蔵に集めているんだ……。

これは飽くまで私の想像だが、記録された憑きものの多くが、鼠に似たモノとされるのも、そう考えると納得できはしないだろうか。

となると、憑きもの・憑きもの筋というのは、やはり、ある種の狂気や絶望が生み出した妄想ということになる。

おおよそ、昔から、福や災厄になんらかの形を与えることを日本人は得意としていた。乱暴な喩《たと》えではあるが、太陽を天照大神とし、インフルエンザを疫神《えきしん》の仕業と見なす思考と、これらは同一線上にある。

合理的な思考をすれば、ある現象や精神状態、病状などを具現化し、姿を与えたものが神や魔物だ。だから、数多の憑きもの達も、それと同じ論理で、世の中に現れたと見るのが妥当だろう。

憑きものとは、人の心や災厄に与えられたひとつの形だ。

これを結論として、憑きものの話は終わってもいい……のだが。

『三匹のクダ狐を持ち込んだ男がいてね。狐のヤツが、村中の人間に取り憑いてしまったのさ。みんな、気が触れたようになったり、魂が抜けたみたいになって……村にいた祈禱師が二十一日間のお祓いをして、狐を竹の筒に入れ、村の奥に封じたんだよ。で、なんとか正気に戻ったんだけど、祈禱に来なかったヤツらは到頭、ダメになっちまったっけ。……それから暫くしてのことさ。狐なんか信じないって馬鹿がいて、筒を埋めた塚を掘り返したんだな。そうしたら狐が逃げてしまって、またまた村がおかしくなった。祈禱師はそれも捕まえたけどね。今、氏神様の裏山に、小さな祠《ほこら》が遺っているよ」

「その男は一体、どこから狐を持ってきたんでしょうね」

私は聞いた。

「隣の丹波山《たばやま》。あそこには昔っから、クダがいるんだ」

「使っている一族がいる？」

「違うよ。クダが山にいるの。十センチくらいの長さでね。細っこいイタチみたいなヤツ」

「……実在してるんですかぁ⁉」

私は仰天してしまった。

数人の村人に確認すると、クダ狐を架空のものだと答えた人はひとりだけ。中には、ご丁寧に飼育法まで教えてくれた人まであった。

「どうして、あの狐が来ると、おかしくなっちまうのか。それはわからないけどね。ヤツらにはそういう力がある」』

平成十一年（一九九九）。

『黄金結界』（河出書房新社）という著作の中で、私は右のごとく記している。

そしてまた、平成十九年（二〇〇七）に上梓《じょうし》した『うわさの人物』（集英社）という対談集でも、私は憑きものの実在を語る人に仰天している。

本音を言えば、憑きものと呼ばれる何ものかは存在する、と、私は考えている。

しかし、何年経っても、私は憑きものの実在を信じ切れない――いや、幽霊に似た不可視のものだという考えから離れられない。

だから「細っこいイタチみたいなヤツ」が山にいると言われれば驚くし、『うわさの人物』中、「それを食べたという人もいますよ。そうしたら、もう蕁麻疹《じんましん》がダーッと出て」などという話には、ただただ口を開けてしまうのだ。

多分、これらの話には、ほとんどの人が私と同じ反応を示すに違いない。

しかし、憑きものを知る人は、〝彼ら〟を幽霊と同様に扱うようなことはない。自然や病気の具現化として、憑きものを語ることもない。

人々は〝彼ら〟を見て、捕らえ、食べて、または殺すのだ。

まず、『日本の憑きもの　俗信は今も生きている』（石塚尊俊著　未來社）を参考に、憑きものの種類を並べてみよう。

日本全国、実に多くの憑きもの達が存在している。

狐、イヅナ、オサキ、クダ、オトラ、トウビョウ狐、ニンコ、ヤコ、狸、蛇、トウビョウ（トンベ・トンボカミとも）、犬神（インガメ・イリガミとも）、外道、猫、猿、蛭《ひる》、カッパ、ゴンボダネ。

「オサキ、クダ、オトラ」は、語末に狐をつけて記される場合が多い。

「トウビョウ狐」はもう一種の「トウビョウ」と区別するために「狐」がついているようだ。

そして「ニンコ」は人狐、「ヤコ」は野狐の字が当てられる。

やはり、狐は憑きものの筆頭というべき存在なのだ。

だが、ここに並んだ狐らは、リスト最初の「狐」を含め、尻尾の太いイヌ科の動物とは姿も性格も異なっている。

もちろん、憑くという意味では、一般の狐が憑く話もある。また、リストの中でも

「狸」「蛇」「猫」「猿」「蛭」は、一般的な動物が霊力を持つ例として挙げられている。

では、狐ではない「狐」らは、どんな姿をしているのだろう。

『あずさ弓（上）日本におけるシャーマン的行為』（C・ブラッカー著／秋山さと子訳　岩波書店）には『一様に、それは赤毛に覆われた足の短い、とがった爪をした長く細いものだ』とあり、『明らかに同じ生きものが、異なる名前のもとにあらわれてくる』と記されている。

しかし、本来、憑きものはそんなに単純なものではない。

確かに似たものもあるけれど、ちょっと資料を当たってみれば、憑きもの達にはそれぞれ豊かな個性があることが見えてくる。

そのすべてを記すのは難しいので、代表例をいくつか示そう。

先述した速水氏は「狐持ち」の家系であった。

出雲地方にいるこの憑きものも、当然、ただの狐ではない。

『ネコよりは小さく、ネズミよりは大きく、脚が短く、尾の長い、胴体が細長く、耳の尖っていない動物で、色は茶色あるいは茶褐色で、黒味がかった斑《まだら》入りのもいるといわれ、イタチとよく似ており、ときどき後脚で立ちあがったり、小手をかざして見るくせがあるといわれる。』

『日本の憑きもの　社会人類学的考察』（吉田禎吾著　中公新書）では、そう記されている。

この狐は家筋に憑くが、飯びつの縁を杓子《しゃくし》でコンコン叩いたり、茶碗《ちゃわん》を箸で叩いたりすると、狐が寄ってくるとも伝わっている。なかなか油断できない存在だ。

また、狐に限らず、多くの憑きものは女系に伝わるとされている。そのために婚姻の妨げとなるのだが、そのほかにも、狐のいる家に住むことや、そこの土地を買うことで感染するとも言われている。

狐持ちかどうかは、袖の中に毛が入っているのでわかるというが、『あずさ弓』にはその方法に頼らない僧侶と村人の話が載っている。


『一九六三年の冬、私は鳥取から遠くない所にある退休寺という寺を訪ねたが、そこは明治以来、狐憑きの患者の憑きものおとしで有名であった。日露戦争にも出征したことのある年老いた僧侶は、疑いもなく高い教育を受けていた。しかし彼は二十年もの間、寺の住職として、非常に多くの狐憑きの人々の憑きものおとしをしてきた。彼は誰が狐持ちの家族かを告げるのは訳ないことです、狐が軒先に座っているのが見えるのだから、と私に語った。夕方散歩に出た時に、彼は狐どもが烙印《らくいん》を押された家の外で遊んでいたり、軒先に並んで座り、前脚で眼を覆っているのを何度も見たそうである。彼らはよく彼の傍らに飛んで来て、うなったり衣の端をひっぱったりしたという。そして、狐どもが見えるのは彼ばかりではない。村の誰にもそのように見ることができるという。一九六三年に出合った鳥取の学校長である生田先生もまた、この地方の多くの村をまわって狐持ちの邪悪な迷信を棄てるようにと説いて歩くのに時間をかけてきたと話してくれた。しかし、彼はほとんど説得できなかった。講義の後で彼はいつも村人の一人から挑戦された。これに関してよそから来た人が一体何を知っているというのだ。村の人は皆、その家の外で狐を見ることができるのだから、誰が狐持ちの家族なのかを知っているのだ。』

つまり、この地方の狐は、村人には見えるけど、「よそから来た人」には見ることのできないモノということになる。

記された証言のすべてを信じて、ここにサイキック村がある！　と驚いてもいいのだが、もしも前述したごとく、狐持ちの家が元来は余所者であるというのなら、村人は余所者と自分達を二重の構造で区別していることになる。

この共同体に対する意識は、余所者ばかりの東京で育った私には、まったくもって理解できない。むしろ、村人達のほうが頑迷で、気味悪いものに思えるのだが……。

それはともかく、ここに出てくる退休寺は、鳥取県大山町に現存している。創建は延文二年（一三五七）。開基は源翁《げんのう》（玄翁）和尚である。

この名前にピンと来た人もいると思う。

源翁和尚は玉藻前に化けたかの妖狐《ようこ》・白面金毛九尾《はくめんこんもうきゅうび》の狐にゆかりを持つ法力僧だ。和尚は九尾の狐が那須に封じられたのちも、殺生石となって人を悩ませているのを知り、その石を打ち砕いた。ゆえに石を砕く金槌《かなづち》をゲンノウと呼ぶ——という豆知識は措いておき、源翁和尚が開いた寺の後継が、憑きもの落としのエキスパートで、かつまた狐が見えるというのは興味深い。

和尚が退休寺を建てたのは、当時の城主の招きに応じたからだという。

もしかすると、『人狐物語』が成立するずっと前から、鳥取の人々は憑きものの狐に悩まされていたのかもしれない。そんな想像も湧いてくる。

だが、この話の場合、狐を見るのは、ある種の特殊能力だ。見える人と見えない人がいるというのは、ほかの憑きものにも出てくる話だ。

この説によると、憑きものは実体を持たない妖怪や精霊の部類に分けられる。

しかし、こんな話もある。

『出雲民俗』第8号、「狐を落す話」（山崎英穂著）には、タイトル通り、憑きもの落としの方法が述べられている。

そこには、人間から離れた狐は『飛び出す時には勿論目には見えない』とあるにも拘わらず、『そしていよ〻飛び出したとなると、今度は庭の方を走り去るのが実際に見える。その時すかさず叩き獲るのである。』と続く。

そして、それればかりか、獲った狐の骨や黒焼きにした灰を加持祈禱に使うと記しているのだ。

——これはどう考えればいいのだろうか。

実体のないモノが消え去るとき、一瞬、姿が見えるというなら、なんとなくだが納得できる。

それを叩き獲っても、消えてしまうなら、まだ昔話の範疇《はんちゅう》だ。

けれども、その骨が残り、黒焼きにする作業を成し得るというのなら、狐は肉体を持つものとなる。

普段は姿が見えなくて、一部の人にだけ見えるけど？

ある瞬間から肉体を持ち、死んだら、物質として体が残る？

しかもそいつは後脚で立って、小手をかざしていたりする？

………？

正直、まったく理解できない。

もし、これをそのまま認めるならば、日本には隠身《おんしん》の術を備え、禍々しい霊力を持つ動物が実在していることになる。

いくら不思議好きの私でも、これを「ああ、いるいる」などと言うのは、なけなしの理性が許さない。

しかし、そのことを衒《てら》いなく認める人がいるのも事実だ。

ひとりふたりどころではない。

憑きものに関する証言は、まだまだ、いくらでも出てくるのである。

（二）

オサキという憑きものの話をしよう。

以前、オーサキとして取り上げたこの憑きものは、関東圏では一番身近な存在だ。

もっとも、身近という言い方をすると、首を傾げる人もいるかもしれない。が、東京近県で憑きものの話を探したときに、一番多く出合うのが、オサキにまつわる話なのだ。

やはり、憑きものには地方差がある。

なぜ、特定の憑きものが、一地方を選ぶのか。

『あずさ弓』では、差違の理由を『明らかに同じ生きものが、異なる名前のもとにあらわれ』たと、方言的なものとして解釈していた。

それだけとは思えないのだが、憑きものがその地方を選んだ理由は、生憎、私にも説明できない。

しかし、いくつかの憑きものに関しては、それなりの意味づけがなされている。

オサキも、その中のひとつだ。

彼らが関東に分布する理由は、白面金毛九尾の狐が那須に封じられたことにある。

オサキは九尾の狐が死ぬときに、その尾のひとつが飛んで化した憑きものだと伝わっている。ゆえに「尾裂」と記される。

また、九尾の狐が封じられた那須を中心に、その尾が扇形に広がった形で、オサキは棲息するともされる。

つまり、オサキは九尾の狐が持っていた霊力の欠片《かけら》という存在なのだ。

その分布は埼玉県の秩父地方、群馬県・栃木県一帯から茨城県の一部、西は関東山地を越えて長野県の佐久地方から諏訪《すわ》盆地、伊那谷《いなだに》辺りにまで及んでいるとか。

これが九尾の狐の尾の広がりであるというなら、九尾の狐はとんでもなく巨大な妖怪ということになろう。

その霊力の一片であるオサキの姿は、鼠と鼬あるいは鼠とフクロウの雑種のようなもので、二十日鼠よりやや大きいとされる。色は灰色、茶色、橙《だいだい》色、斑と様々あり、頭から尾にかけて黒か白の一本筋がある。そして、毛が白く光っているとも伝わっている。

また、尾が太く、先が裂けているから、オサキというのだという記述も散見する。

少し話がずれるが、九尾の狐にしろ、オサキにしろ、なぜ、尾が裂けているモノ、尾が多いモノが強い霊力を持つとされるのだろうか。猫もまた、化けるものは尾がふたつに分かれると言われている。

尾というのは、霊力の強さを計るものなのか。

とすれば、尾の退化してしまった人間は、絶対、彼らには勝てないではないか……。

閑話休題。

『日本の憑きもの』（吉田禎吾著）によると、オサキに憑かれた人間は、まずやたらと豆を欲しがるようになり、高熱を発して、最悪の場合、死に至る。

オサキは人に取り憑くとき、身体を食い破って穴を開けるとされており、ゆえにオサキに憑かれて死んだ人間は、体のどこかに穴が開いている。それで、オサキの仕業だと判明する場合があるという。

一種の寄生虫みたいなものか。

だが、このような症状が出るのは、オサキを御せない人間だけだ。

オサキを使っているという家筋のものには、何もない。たとえ、知らずにその家に嫁しても、憑きものは被害を与えないのだ。

某《なにがし》から聞いた話だが、近隣のオサキ持ちの家に嫁いだ女性は、憑きもののなんたるかを知らず、また知ることもなかったという。

「つい最近の話ですからね。近所の人達も、その家がオサキ持ちだなんて、口にするようなことはなかったですよ。お嫁さんは愛想のいい人で、近所づきあいもよくしてました。綺麗好きで、毎朝、箒と掃除機を使ってました。私の母がそれを見て、あるとき、いつも感心ですね、というように話しかけたんです。そうしたら、そのお嫁さんが言ったんですって。『この家は猫もいないのに、どうしてか、獣の毛が落ちているの』って」

前節で、狐持ちは袖の中に毛が入っているのでわかると記した。某から聞いた話にも、獣の毛が出てくる。

この話を信じるならば、オサキは抜け毛を散らかすような生身の動物であるかに思える。

オサキに似た憑きもので、広島にはゲドウと呼ばれるモノがいる。

これが広島に広がった理由は、ゲドウが発生した村（発生理由は不明）で、木を積んでゲドウを焼き殺したが、一匹逃れたのがいたために、再び数を増やしたとしている。

ゲドウもまた、焼き殺せるような、生身の動物として扱われているのだ。

しかし、オサキもゲドウも、当然、普通の人には見えない存在だ。

何度も記すが、本当に、私にはうまく理解できない。

民俗学では、これら憑きものの一部をオコジョやイイズナなど、一般の動物に比定して語る向きもある。確かにそう考えれば、すべては片付く。霊力はともかく、ものすごくすばしこく、隠れるのが上手《うま》い、生身の動物と考えれば……いや、やはり無理だろう。前節で記したクダ狐は、地面に埋めても、また掘り返せば、逃げてしまうような存在だった。

強靭《きようじん》な生命力を誇るクマムシならばともかくも、一般的な生身の哺乳類にそこまでの根性はない。

丹波山のクダの一件では、村人は氏神を祀った裏山に、小祠《しようし》を建ててクダを封じた。『民間伝承集成15 憑きもの タタリガミと呪い』（土橋寛監修、広川勝美編集 創世記）には、『タタリを除くことは、ツキモノスジの家にモノを封じこませることを通してしか達成されない。』と記されている。

同書に依ると、祠は憑きもの筋の家の裏にあり、近隣に同様の家がある場合は、二、三軒が共同で祠を建てる場合もあるという。

つまり、憑きものに入り込まれた家は、シロアリが繁殖してしまったようなものなので、祠に封じるなどの対策を講じて、他家への伝染を防ぐのだ。

村にとって、その手段は確かに憑きものからの解放となる。が、祠が存在する限り、憑かれた家には、本当の意味での解放はない。

しかしながら、そういう家筋は、ある種の差別を受けつつも、その地域で暮らしていくのであり、他の村人達は特別な眼差しを向けつつも、彼らを追い出すでもなく、側に置くのだ。

飽くまで余所者の意見だが、こうやってみると、憑きもの筋とそれ以外の村人は、どこかで互いを必要として、共同体を形成しているような気もする。

また、憑きもの達は伝染性を持っているため、集落が丸々憑きものを飼っているような場所もある。そうなった場合は、最早、集落内における憑きもの筋の特性は失せ、内側においては、まったく普通の村になってしまうのだ。

そういう村に存在する封じの社は、たったひとつだ。

余所から来た人が、その祠を見て、正体を知ることはない。

現に、私はクダを封じたという祠を見ているが、それはまったく普通の社と見分けのつかないものだった。

村人に事情を聞いていなければ、山の神とでも思い、手を合わせていたに違いない。

『狼の部屋』にて、岡山県の貴布禰神社を取り上げた事を憶えていようか。

あそこに祀られた狼は、ミサキと呼ばれる危うい神だった。

資料に依ると、貴布禰神社の狼はミサキの中でも、位の高い「タカ神」であり、位が低く祟るだけのミサキは「ゲドウ」と呼ばれているという。

ゲドウは憑きものの名前でもある。

「タカ神」と「ゲドウ」は、即ち、神と憑きものだ。

果たして、この両者には、歴然とした相違のあるものなのか。それとも、表裏一体、同じモノの裏表でしかないのだろうか。

憑きもののことを調べていくほど、神と魔物の境界線はだんだん曖昧になっていく。


前節の冒頭に記した「祈禱師などが使役する、式神的な働きをするもの」は、血筋が受け継ぐ憑きもの以上に、神と魔物の境にいる。

これらは血筋には入り込まない。特定の個人が積極的に用いるものだ。

代表的なのは、クダとイヅナ、犬神だ。

クダは管のような筒に入れて持ち歩くため、クダという名になったといわれる。

石塚尊俊は『日本の憑きもの　俗信は今も生きている』(未來社)の中で、クダを入れる容器は「指くらいの竹」「マッチ箱大の箱の中へ二匹入れて」いると記す。

となると、かなり小さなものだが、資料の中には鼠とほとんど同じだが、耳が少し大きいと記すものもある。

クダにも種類があるということか。

先述した丹波山には、野生のクダがいるとされていた。こちらは「十センチくらいの長さ」で「細っこいイタチみたいなヤツ」という話だった。

山に棲んでいるとなると、術者が使うとは言い切れなくなってくる感じがする。

だが、『あずさ弓』などによると、術者は元々、使役するための憑きものを野山で捕らえていたという。

また、使っていた術者が死亡したり、何らかの事情で持っていた憑きものが放たれたとき、それがいわゆる野良となり、野生に戻ったり、他家に入り込んでしまう場合もあるのだとか。

丹波山のクダも、そんな事情で繁殖したのかもしれない。

術者が使うモノにはイヅナもあるが、こちらはクダ以上に正統で、飯綱法を修めた修験者「飯綱使い」達が用いるモノだ。

この法は外法とされており、忌み嫌われてはいるものの、まさに神仏が関与している。

イヅナは神に近い場所にいるのだ。

クダとイヅナの使い手は、それらに命じて、様々なことを探って攻防に用いる。

また、その力を用いて、商売もした。

つまり、クライアントが物を無くしたと言えば、憑きものに命じて在処《ありか》を捜させ、誰かの気持ちが知りたいと言えば、内偵させ、その人が憎いと言えば、害させるのだ。

まさに、伝奇小説の世界だ。

そして、もっとアヤシイ話となるのだが、私は一度だけ、その使い手らしき人に出会い、憑きものらしきモノを見たことがある。

数年前、霊能者へのインタビューを試みていた私は、評判の良い能力者を探していた。知人からの情報で知ったその人は、日帰りしづらい場所に住んでいたが、よく当たるという評判だったので、単身、私は出かけていった。

迎えてくれたのは、優しげな初老の男性だ。

そこで、私はひとわたり、彼の今までの人生を聞いた。なかなか波瀾《はらん》万丈だったが、彼は以前住んでいた村の住人には、随分、悪口を言われたと漏らした。

「……そのうち、私のことを狐憑きだの、狐を使っているだのと、言い出す人が出てきましてね。今まで散々相談に乗って力になってあげたのに、当たるのは狐を使っているからだろうって。そう言う人が出てきたんです。もちろん、そんなことはないですよ。それでも、あまりに物事を当てすぎてしまって、気味悪く思われてしまったようです。それで、結局、私は村を離れることにしたんですよ」

言葉の半分は自慢だったので、私は笑って、相鎚《あいづち》を打った。

そして最後に、彼の能力を試すため、私はいくつか質問をした。

過去や未来のことよりも、今、抱えている問題を解くほうが得意だと、その人は言った。だから、そんなことを、ふたつ三つ訊いたのだ。

確かに、的中率はすごかった。しかも、ほとんど答えに曖昧なところがない。

私は興奮し、嬉しくなって、もうひとつ、簡単な質問をした。

彼は快く受けてくれた。が……。

そのとき、彼の背後から、鼠をひと回り大きくしたような、黒い影がふたつ、走り去ったのだ。

ほとんど残像もないほどに、その動きは速かった。

――動物。

直感的に、私は思った。

飯綱使いやクダについての知識はとうに持っていた。

ただ、動物を使役するからといって、私はその能力者を悪とは見ない。

悪事に使えば悪とするが、責任を持って管理して、人の助けになるのなら、それは善いことだと思っている。

しかし、私の視線が動いたのを見て、霊能者は顔色を変えた。そして、話半ばにして、彼はいきなり急用ができたと言い出したのだ。

私は追い出された形になった。

多分、過去に似たことがあり、狐憑きだと言われたのだろう。

いや、もちろん、すべては私の気のせいで、彼が私を追い出したのは、何か失礼があったからかもしれない。

それにしても……。

これが唯一、私が憑きものらしきモノを見た話だ。

彼が持つ能力の源が、実際にどこにあったのかは不明だが、その霊能者が住んでいたのは、クダが棲むとされた地域だった。


憑きものは、皆、生息地域がはっきりしている。

その内、クダ、オサキ、犬神の分布は、憑きものそのものというよりは、使い手がいたところと見るべきだろう。

三つの中で有名なのは、四国地方の犬神だ。

犬神は三種の憑きもののうち、唯一、その発生から人に管理されるものだ。

方法は以前、述べたので、繰り返さない。ただ、犬神は代々続くので、当事者のみの問題ではなくなるのが厄介だ。

術者の場合は、個人が希望して憑きものを手に入れる。そのため、外法と呼ばれようとも、本人納得ずくなので、大きな悲劇は起こらない。

だが、犬神使いの子孫はそういかない。

出雲の狐、オサキと同じ、憑きもの筋の家系とされてしまうのだ。

しかし、発生理由から考えると、犬神は本来、人に御せるはずのものだ。家人に従うというのなら、その働きは善行であってもいいはずだ。

血筋に関わる他の憑きものにも同じことが言えると思うが、美しい心を持って彼らに対すれば、憑きものもまた、善い存在にならねばおかしい。

なのに、なぜ、そうはならないのか。

思うに、憑きもの達は家人の欲望や恨み、妬みに忠実すぎるのではないのか。そして、人は善行よりも悪事に注目し過ぎるのではなかろうか。

生まれてから一度も、負の感情を抱かずにいられる人間などいるはずがない。

様々な感情を持ち、心の揺れるのが人間だ。

術者が確信的に使う憑きものならばともかく、血筋に潜んでしまった彼らは、ある意味、躾《しつけ》が行き届かず、それでいて主人の願望にむやみに従おうとしているだけではないのか。

それで、憑きものが発動してしまうとすれば、憑きもの筋の家は気の毒だ。迷信ではなく、もし憑きものが本当にいたとしても、彼らはやはり被害者なのだ。

もっとも、己の欲望を充足させてくれるモノがいるなら、それに依存したくなるのも、また普通の人間だけど……。

——犬神からやや話が逸《そ》れた。

憑きものの分布に話を戻そう。

『日本の憑きもの』（石塚尊俊著）に載っている「憑きものの呼称による分布」地図を見ると、彼らにはそれぞれ明確な縄張りがある。

犬神が四国なら、イヅナは東北、オサキの中心は関東で、狐は全国に点在し、クダは愛知県から東北方向に、新潟まで帯状に散らばっている。

また、気になる特徴が三つある。

ひとつめは、愛知県より北はオサキ以外、クダとイヅナとゴンボダネしかいないということ（新潟には、例外として佐渡島に狸がいるが、島であることと、流刑地だったという特殊な事情が働いている可能性がある）。

ふたつめは、古代の宮都があった京都、滋賀、大阪、そしてなぜか福島にも、憑きものがいないこと。

そして最後。京都、滋賀、大阪の三府県以西の西日本一帯には、そのほかの憑きもの達のすべてが生息しているということだ。

興味深い調査だが、私はこの空白地帯が、妙に気になった。

調査が行き届かなかっただけという可能性もあるのだろうが、三府県は近世まで、陰陽師の中心的な活動地域だったところだ。

言い換えれば、官民問わず、様々な呪術が行われた場所。加えて、京都には稲荷の総本山もある。

一過性の狐憑きはあっても、憑きもの筋が育たないのは、始終行われる祓いと共に、強大な動物神が睨《にら》みを利かせていたからかもしれない。

しかし、そこから遠く離れた福島県に、憑きものがいないのはなぜだろう。

そして、東北に、血筋に絡む憑きものが存在しないのはなぜなのか。

真の理由は、わからない。

だが、想像力を働かせての推測ならば、述べられる。

それは、殺生石に——九尾の狐に因があるのではないかということだ。

地図をしげしげ見ていると、オサキの分布は伝承通り、殺生石のある栃木を要《かなめ》に、九つの尾が広がるごとく扇状に散らばっている。

その先、太平洋側は、オサキが圧力を掛ける感じで、福島県以北には広がらない。

日本海側は、術者が使うクダ達が、オサキ地域と福島県を避ける形で東北に伸びる。

そうして、クダはイヅナに阻まれる形で姿を消し、東北北部はクダ使いとは別系統の飯綱使いらの縄張りとなる。

つまり、東日本において、血筋に関わる憑きもの達は、オサキと福島県という壁を越えられずに敗退するのだ。

改めて記すが、オサキは白面金毛九尾の狐の尾、その形に分布している。

ということは、オサキの生息域とは逆方向に、頭があるということになる。

では、扇状に広がった九つの尾の逆側はどこか。

そう。

そここそが、福島県なのである。

もしや、福島県こそ、巨大な九尾の狐の頭部に相当するのではないか。

もしや、九尾の狐は圧倒的な力を以て、魔物としての憑きものを寄せつけないのではなかろうか。

図らずも、東日本を守ってくれているのではなかろうか。

――まったく小説家的な意見なので、まともには取り合わないで頂きたい。

しかし、憑きものという「非論理的」なモノを扱っているのが本稿だ。その勢力分布の理由が非論理的であっても、構うまい。

どのみち、日本は全国すべて、霊力を持ったなんらかの動物の縄張りとなっている。

善悪を問わず、それらの尾を踏まないように、我々は気をつけるべきだろう。

猫の部屋

（一）

身近に猫がいるせいか、猫に関する不思議な話は、空き地のねこじゃらしほどに存在している。

喋る猫、人語を解する猫、祟る猫、恩返しをする猫、予知能力を発揮する猫……。

誰かがそんな話をすると、必ずほかの猫飼いが「ああ、あるある。うちの猫もさあ」と、似たエピソードを披露する。

身近な人達がそんな話を当然のように語るので、猫とはそういう生き物なのだと、私は考えている。

『猫はなんでも予言する。幸運も不運も、猫には見通しだ。天気の前触れもするし、結婚の予言もするし、危険や災厄の警告もするし、人が死ぬことや、来客のくるのを知らせるし、豚小屋を移転する場所の良し悪しや、感冒のはやるのを人に教えたりもします。』（『ジンクス　運と偶然の研究』綿谷雪著　三樹書房）

「うちの猫はなーんにもないのよ」という人は、「なーんにもない」ことを飼い主が望んでいるからで、賢い猫はその人の前では「なーんにもない」猫として振る舞っている。

私はそうも考えている。

なぜなら、すべての猫は化けるからだ。

地方によって、三年から十二年の差こそあれ、ある年数以上生きた猫は、皆、化ける。すべての動物には、様々な霊性がある。けれど、個体差なく化けると言われているのは、狐と狸と猫だけだ。

この三者こそ、霊能動物の代表と言ってもいいだろう。

とはいえ、狐と狸は無闇に人家には入って来ない。古くから人と暮らした犬も、一昔前までは、ほとんどが外で生きていた。

家の中に入り込み、一番いい場所に陣取って、そればかりか、ときには寝床にまで入り込んでくる動物は、猫以外には存在しない。

にも拘わらず、それらが種として化け属性を持っているとは、なんとも恐ろしいことではないか。

我々はなぜ、そのような生き物を身近に置くのだろう。

猫と日本人とのつきあいは、縄文時代まで遡る。

東北から九州まで、現在十五ヶ所ほどの遺跡から猫の骨が出土している。

しかし、それが今のイエネコの祖先なのか、ヤマネコなどの野生種なのか、資料からすべては判断できない。

通説では、日本列島にイエネコはいなかったとされている。ゆえに、経典類を鼠から守るため、猫は奈良時代に中国から輸入されたことになっている。

だが、『源氏物語』などには「唐猫」という記述がある。ならば、唐猫に対応する在来猫、即ち和猫がいたとも考えられよう。

日本の文献で、猫が最初に登場するのは『日本霊異記』だ。

その「上巻　第三十縁」には「狸」という字に、万葉仮名で「禰古《ねこ》」と注釈がつけられている。

話のおおまかな筋は、こうだ。

膳《かしわでの》臣広国《おみひろくに》という人が一度死んだのちに蘇生《そせい》して、地獄巡りの様子を語る。

彼はそこで地獄に堕ちていた父に再会して、こんな話を聞く。

「地獄で苦しんだのち、七月七日に大蛇となって、お前の家に入ろうとしたが、杖《つえ》にひっ掛けられて投げ捨てられた。また五月五日には赤い子犬になったが、お前はほかの犬をけしかけて、私のことを追い払った。そして、正月の一日に猫になってお前の家に入ったとき、やっと、ご飯や肉などのご馳走をたらふく食べることができたのだ」

舶来の貴重な猫が、勝手に町をうろうろし、家に上がり込むのはおかしい。やはり、日本にも在来種の猫がいたのではなかろうか。

しかし、それはともかく、猫は愛されている。膳臣広国は猫好きだったに違いない。

古《いにしえ》の猫好きは、ほかにもいる。

平安時代、宇多《うだ》天皇は、日記『寛平御記《かんぴょうぎょき》』の中で「暇だから、自分ちの猫のことでも書いておく」と前置きし、父（先帝）から譲られた黒猫について、事細かに記している。

猫の姿や行動すべてを褒め称えた記述を並べ、「堀中の玄璧」「雲上の黒龍」など、思いつく最大限の麗句を書き連ね、天皇は猫に語りかける自分の姿も記している。

朕閑時なれば猫の消息を述べて曰う。

驪猫一隻、太宰少弐源精《しょうにみなもとのくわし》、秩満して来朝し先帝に献ずる所なり。

（驪…黒色、秩満…任期満了）

その毛色の類なきを愛《め》でる。
餘《ほか》の猫々は皆浅黒色なり。
此れ獨り深黒にして墨の如《ごと》し。

（韓盧…中国・春秋時代の名犬）

為にその形容は、ああ、韓盧に似たり。
長さは尺有五寸、高さは六寸ばかり。
その屈するは秬粒の如く小さく、その伸びるは張弓の如く長し。

（秬…くろきび）

眼精は晶熒にして、針芒の如く之れ乱眩す。
耳峰は直竪にして、匙上の如く之れ揺れず。
その伏臥《ふくが》の時、団円となり足尾見えず。
あたかも堀中の玄璧の如し。

（玄璧…黒く丸い玉《ぎょく》）

その行歩の時、寂寞として音聲聞こえず。
あたかも雲上の黒龍の如し。
性は道行を好み、五禽に暗合す。
常に低頭し、尾は地に著《つ》く。
而して曲がるに、背脊を聳《そばだ》てれば、高さ二尺ばかり。
毛色悦澤なるはけだし是に由るや。

また能く夜鼠を捕ること他猫より捷《はや》し。
先帝愛翫《あいがん》すること数日の後、これを朕に賜う。
朕撫養すること今において五年。
毎旦乳粥を以てこれに給う。
豈《あ》にただ材能の翹捷なるを取らんや。　（翹…すぐれている）
誠、先帝の賜るところに因る。
微《ちいさ》しといえども、物は殊に懐育するに情有るのみ。
仍《よ》りて曰う、汝陰陽の気を含み支竅の形を備う。
心有ること必《あきらか》なり、しかるに我を知るや。
猫乃《すなわ》ち歎息して首を挙げ、吾が顔を仰睨す。
心盈臆として咽《むせ》ぶに似て、口は言うことをあたわず。　（盈臆…胸いっぱい）

ノロケを訳すのも癪《しゃく》なので、現代語にはしなかったが、俺の猫サイコー！　というのが隅々にまで漲《みなぎ》っているのはわかるだろう。

それでいながら、天皇は最後のほうにこう記すのだ。

「私はこの猫が素晴らしいから愛しているのではない。先帝から頂いたものだから、取るに足らぬものではあるが、可愛がってやっているのだ」

……今更、照れることもなかろうに。

この記述は猫好きにはよく知られていて、宇多天皇は猫好きツンデレ天皇として、高く評価されている。

人が猫を身近に置く第一の目的は、鼠の害を避けるためだった。だが、宇多天皇は完全に愛玩動物として猫を見ている。この当時はまだ、猫が化けるという認識はなかったのだろうか。

記録上、日本において、最初に怪しい猫の話が出てくるのは、鎌倉時代になってからだ。

藤原定家《ふじわらのていか》の『明月記』には、南都（奈良）に猫胯《ねこまた》という化け物がいて、一夜に七、八人を食らうなどと記されている。

この話が記されたのは、天福元年（一二三三）八月二日。

これより百年ばかり遅れて成立した、吉田兼好の『徒然草《つれづれぐさ》』第八十九段にも「猫又」の話が載っている。

――「奥山に猫又という化け物がいて、人を食うのだ」とある人が言ったところ、

「山ではなくてこの辺りの里でも、猫が長く生きると、猫又になって人を襲うことがある」と言う人がいた。

この話を聞いた法師が、ひとり歩きするときは猫又に気をつけよう……と思っていたところ、ある晩遅く、連歌《れんが》の会の帰りにひとりで小川沿いを歩いていると、噂に聞いた猫又が足下にすっと寄ってきた。

そいつは飛びついてきて首の辺りを噛もうとするので、法師は肝を潰して、腰が抜け、川の中に転がり落ちた。

「助けてくれ！　猫又だ」

叫ぶと、近隣の家から、皆が松明などを手に駆け寄ってきた。

「どうした、どうした」

村人が川から法師を抱え上げると、連歌会の賞品である扇や小箱なども皆、水に浸かって台無しになってしまっていた。

しかし、法師は奇跡的に助かったといった様子で、這々《ほうほう》の体《てい》で家に戻った。

この話は、最後にこう締め括《くく》られる。

『飼ひける犬の、暗けれど、主を知りて、飛び付きたりけるとぞ』

……きっと、犬は遅くなった飼い主を心配して出てきたんだろうね。そして、姿を見つけて飛びついて、顔を舐めようとしたのだろう。

なかなかいい小咄《こばなし》だが、見るべきところはそこではない。大事なのは、話の中に、山奥にいる生まれながらの猫又と、普通の猫が年を経て化けた猫又の二種類が記されていることだ。

『明月記』に記された猫又は、多分、前者だ。それから百年ほどののち、猫又は山から里にまで活動圏を広げたのか。それとも、ふたつは違う種なのか。

建長六年（一二五四）頃に成立した『古今著聞集』には、京都嵯峨野《さがの》の山間《やまあい》にある荘園に現れた唐猫の話が載っている。

――観教《かんぎょう》法印が住む嵯峨の山庄に、ある日、美しい唐猫がどこからともなくやってきた。

その猫を飼ってみると、投げた玉を可愛く捕らえるので、法印はその猫を愛しんだ。

あるとき、秘蔵の守り刀を取り出して、玉と同じように取らせると、猫はその刀を咥《くわ》えたまま、逃げ出してしまった。

皆で捕らえようとしたが叶わず、到頭、猫はそのまま姿をくらませた。

この猫はもしかしたら魔物が変化したもので、守り刀を奪ってのち、存分に嬲《なぶ》ったのではなかろうか。

恐ろしいことだ。

この話の化け猫容疑は、十中八九、濡れ衣だ。

法印は多分、刀の緒で猫をじゃらそうとしたのだろう。それを取ったら、皆に追いかけられたので、猫は怯えて姿をくらましてしまったに相違ない。

多分、山近い場所に現れた美しい唐猫という条件が、魔物らしく映ったのだ。

今、我々が化け猫というと、まず年を経た猫を思い浮かべるが、鎌倉時代におけるイメージは、山住みの魔物が主だったようだ。

そこにもうひとつ、主人の恨みや無念を背負って化ける猫が加わるのが江戸時代。

いわゆる「三大化け猫騒動」が、佐賀鍋島《なべしま》、有馬、岡崎に伝わっている。

さして怪談に興味がなくとも、この辺りは歌舞伎や映画になっているので、知っている人も多いに違いない。

鍋島の化け猫騒動の背景には、家老格であった鍋島直茂《なおしげ》が領主であった龍造寺《りゅうぞうじ》家の所領を乗っ取る形で、藩主に収まったことによる怨恨があるとされている。

その二代藩主・鍋島光茂《みつしげ》の碁の相手を、元領主の血筋である龍造寺又七郎は務めていた（初代又は三代藩主、碁の相手は龍造寺又一郎との記録もある）。

だが、ある日、又七郎は光茂の機嫌を損ねたために殺されてしまった。それを知った又七郎の母は自害。その血を舐めた母の愛猫は化け猫と化し、夜ごと、光茂を苦しめる。

しかし、結局、槍《やり》の名人・千布本右衛門《ちふもとえもん》によって、化け猫は退治されてしまう。

一方、有馬の化け猫は、奥女中に苛められて自害した殿様の愛妾《あいしょう》、その愛猫が化けて復讐《ふくしゅう》を遂げる。

岡崎のものは、深夜の古寺に十二単を着た老婆、即ち化け猫が現れるという話。

これは話そのものよりも、歌川国芳《くによし》や芳藤《よしふじ》の浮世絵を知る人が多いだろう。

三つの話は皆、当時のお家騒動などに怪猫を絡ませたフィクションだとされている。

しかし、鍋島と有馬については、それぞれ舞台となった地に、怪談由来の「猫塚」が建つ。

佐賀県杵島《きしま》郡白石町《しろいしちょう》の秀林寺にあるのは、鍋島ゆかりの「猫塚」だ。

塚は鍋島勝茂《かつしげ》の墓碑と隣接しており、そこに七つの尾を持った猫の姿が彫られている。

そして、脇の説明板にはこう記されている。

『伝説鍋島猫騒動は寛永十七年（一六四〇）頃のできごとで化猫をしとめた千布家にはなぜか男子に恵まれず代々の当主は他家から入った人である。そのことに不審をいだいた七代目当主久右ヱ門という人が千布家に代々縁がないのは先祖の本右ヱ門が化猫を刺し殺したおり断末魔の苦悶のなかに千布家には七代祟って一家をとり潰しこの怨念を必ずはらすといったと伝えられて猫の怨念によるものではあるまいかと七尾の白猫の姿を描いた軸幅をもって猫の霊を丁重に弔はれた。爾来千布家では毎年猫供養が営なまれている（後略）』

秀林寺は千布家の菩提寺であるようなので、少なくとも七代目当主にとって、化け猫伝説はリアリティのあるものだったのだろう。

しかし、尾が二股どころか、七本もあるというのは凄《すご》い。

もう一方、有馬の猫塚は、久留米藩有馬家江戸上屋敷跡である、東京都港区立赤羽小学校校内に建つ。

ここの説明板には、先述の物語が記されたのち、塚はその猫を弔うために建てられたとある。

誰が造ったのかは不明だが、塚自体はそんなに古いものではない。

但し、明治以前の有馬家には「猫石」と呼ばれるものがあったらしい。

こちらは現在、陸上自衛隊目黒駐屯地に隣接する、防衛省技術研究本部艦艇装備研究所敷地内の茂みの中に置かれている。

明治の廃藩置県によって、有馬家の江戸屋敷は荒廃を極めた。ゆえに、「猫石」が屋敷のどこにあり、どのような扱いを受けていたのかはわかっていない。

だが、物語がフィクションならば、なぜ、このような塚が存在するのか。

一説によると、有馬の化け猫騒動は、江戸時代・天明期を代表する文化人、大田南畝《おおたなんぽ》が記した『半日閑話《はんにちかんわ》』に元があるという。

そこには『有馬怪獣　此節有馬中務殿の臣物頭安部郡兵衛怪しき獣を鉄砲にて打しと云浮説有り。其図などを板行し、読売等是を売る。』とあり、これが化け猫騒動の元ネタになったと言われている。

「怪しき獣」が猫であるとは、ここにはひと言も記されていない。しかし、有馬家に怪異があったのは、まんざら嘘ではないようだ。

人見蕉雨斎《ひとみしょううさい》が記した『黒甜瑣語《こくてんさご》』には、有馬家江戸屋敷では夜ごと怪異があったが、犬を置くとその怪がないので、藩主の寝所の外に毎夜二頭の犬を宿直《とのい》させていると記されている。

その理由を『耳嚢《みみぶくろ》』(天明～文化年間に記された随筆。旗本・南町奉行の根岸鎮衛《ねぎしやすもり》筆）では、狐の祟りのためとする。

『耳嚢』に依ると、なんと有馬家では「手引かず」という金瘡《きんそう》の薬をこしらえるため、狐を油で煮ていたという。

そのために狐が怪異を為し、その祟りから身を守るため、犬を飼って守りにしたのだ、と。

これが本当の話なら、確かに狐も祟るだろう。だが、祟ったのは狐だけだったのか。

有馬家と犬の繋がりは、これだけではない。

六代目藩主以降、有馬家では代々の行列の立て道具に、将軍綱吉から下賜《かし》された犬の子孫を「曳《ひ》き犬」として加えたという。

これもまた、犬の力に頼った行為だ。

理由はどうあれ、有馬家では、犬を始終、側に置き、頼りにしていたことは間違いない。

現在も、有馬家の屋敷神だった水天宮（中央区日本橋）は、戌の日とからめて安産の御利益を掲げている。

お産の軽い犬は、全国で安産の守りとなっているが、有馬家と犬が結びついた大本には、不気味な怪異が潜んでいる。

そして、その怪異は化け猫由来――という可能性も存在するのだ。

戦前から戦後暫くの間、化け猫は娯楽怪談映画の主題として、もてはやされた。

その多くは「三大化け猫騒動」を原案としたが、それ以外に、もうひとつ、何度も映画化された話がある。

「赤壁《あかかべ》大明神」だ。

――江戸時代中期、今の兵庫県加古川市に徳蔵という男がいた。

徳蔵は腕の良い油搾りの職人だったが、博打《ばくち》好きであったため、貧乏な暮らしを続けていた。そして、彼は賭場に行くときはいつも、懐にタマという飼い猫を入れていた。

あるとき、徳蔵は賽《さい》の目の丁半によって、タマが目の開け方を変えていることに気がついた。

それに従って、彼は大勝ちしたが、そのとき負けたのが、同じ長屋に住んでいたならず者の梅吉・松吉兄弟だ。

結果、徳蔵はふたりに殺され、加古川に放り込まれた骸《むくろ》は、下手人不明のまま、長屋の人々に発見される。

通夜の晩、何食わぬ顔で兄弟が焼香に来ると、亡骸《なきがら》にかけていた着物がめくれ上がり、死んだ徳蔵の腕が動き始めた。

当時、加古川に滞在中であった丸亀藩士・吉岡儀左衛門は、この騒ぎを耳にして、槍を手に通夜の席に駆けつけた。そして、棺《ひつぎ》を抜けて動き回る徳蔵に儀左衛門が槍を向けた途端、その体から大きな猫が飛び出して、長屋の一軒に逃げ込んだ。

主人亡き後、姿を隠していたタマだ。

儀左衛門はそれを追いかけて、逃げ回るタマに槍を放った。

だが、手ごたえを感じて見てみれば、刺し貫かれていたのは猫ではなく、隠れていた梅吉・松吉兄弟だった。

そののち、タマも槍に掛かって仕留められ、その血で長屋の白い壁は真っ赤に染まった。

怪異は収まった。が、人をも殺してしまった儀左衛門は、そのまま切腹を図った。しかし、瀕死《ひんし》の梅吉・松吉兄弟が罪を白状したために、人々は切腹を押しとどめた。

人々は主人の仇《かたき》を討ったタマを手厚く葬って、血に染まった壁を使って祠を建てた……。

赤壁大明神は、今も加古川橋の畔に、赤い壁の社として残っている。

そして、その社の前には、撫《な》でると御利益があるという、猫が彫られた線香立てが置かれている。

……うーん。

主人の仇を討つ猫は、なんだかみんな可哀想だ。

飼い猫の様子が異様なので、首を刎《は》ねてしまったところ、その首が主人を狙っていた大蛇に食らいついたという話も各地に残る。

東京都豊島区の西方寺や、山形県東置賜郡高畠町《ひがしおきたまぐんたかはたまち》「猫の宮」、宮城県仙台市若林区の少林《わかばやし》神社内「猫塚古墳」などは、そうやって誤って殺されてしまった猫を祀り、また、供養するためのものである。

同じ伝説は犬にもあり、岡崎市の犬尾神社をはじめ、各地の犬塚の由来になっている。

だが、私が調べた限りにおいては、この伝説は猫に偏る。

異常な態度を見せたとき、人を害すると思われるのは、犬ではなく、やはり猫なのだ。

江戸時代の百科事典『和漢三才図会』中にも、猫は化けるものだと記されている。

猫が化けるということは、我々にとっては「常識」なのだ。

だから、犬はまず忠義のものとされ、猫はまず、その心を疑われる。

主人を救う猫も、ある意味、通常ではない化け猫だ。要はその能力が、人間にとって善悪どちらに傾くかというだけの話だ。

犬も猫も、共に古くから人間のパートナーだったにも拘わらず、その差が出るのはなぜなのか。

……いや、これを疑問とするのは、あまりにわざとらしいだろう。

猫は人の側にいるが、人の自由になるものではない。

共生はできるが、主従関係は構築できない。

ふいに現れ、ふいに姿を消し、昼と夜で瞳が変わり、小さくなり、長くなり、ときには無防備に腹を見せ、ときには足音ひとつ立てずに、見事に狩りをする夜行性動物。

宇多天皇も褒め称えた猫の猫たる特徴にこそ、人は不思議を見、不気味さをも感じ取ったに違いない。

そうして、その不思議の元を探るうち、人は山に――生来の猫又が棲むという山に、猫の王がいると気づくのだ。

（二）

家畜を除けば、人と共に暮らす動物の代表は、犬と猫だろう。

鳥や鼠も昔からペットとして飼われていたが、ほとんどが籠に入っているため、基本的に人間の生活には関与しない。

しかし、犬と猫は違う。狩猟や害獣駆除などで、生活そのものに関わってきた。犬派猫派の相違はあれど、ある意味、人から見た彼らの立場は、ほぼ同等と言っていい。

だが、改めて見てみると、両者にまつわる社寺の数は、猫が圧倒的に勝っている。調べきれない部分もあるので、正確な数は挙げられない。が、本やネットで検索した限りでは、犬を祀る社寺は十指に満たない。一方、猫に関係する神社、寺院、塚や旧蹟は、すべてを網羅することを諦《あきら》めたほど、多かった。

この差は一体、何なのか。

理由のひとつとして、犬への信仰は、一部、狼に吸収されていることが挙げられよう。

しかし、根本的な原因は、犬と人との関わりが、親密すぎることにあると思う。

犬は群れの中で生きる、愛情深い動物だ。そのため、人をリーダーとして信頼すれば、従順で忠実な存在となる。

まさに、パートナーとして素晴らしい動物であるのだが、この性格ゆえ、人間は犬を下に見て、さしたる神秘を感じなかったのではあるまいか。

同じイヌ科でありながら、狼が神となったのは、彼らが日本の生態系の頂点に立つ野生動物であるからだ。狐が神となったのも、賢い野生動物であることが理由のひとつとなっている。

それと同じように、猫もまた、我々とはどこか距離がある。群れを作らない習性ゆえに、彼らは人に完全な服従や従属を示さない。

結果的に、そのことが、人に畏怖の念を抱かせる一因になったのではなかろうか。

——私はそう考えている。

前節で紹介した場所をはじめ、猫を祀った社寺や塚には、様々なタイプが存在する。それをひと渡り眺めたときに気づくのは、寺院の数が多いことだ。

イスラム教では、ムハンマドが猫を愛したことから、猫は特別な存在となった。古代エジプトにおいても、猫は神そのものだ。

しかし、本来、仏教における猫への関心度は低い。

干支《えと》に猫がいないのも、釈迦の臨終の場にいなかったからだと、理由づけされているほどだ。にも拘わらず、日本では、ご本尊ではないものの、猫に所縁を持っている寺が沢山存在している。

東京都墨田区にある回向院《えこういん》は、鼠小僧次郎吉の墓があることで知られているが、その隣には日本最古の「猫塚」が、今もひっそりと建っている。

隣の説明板には、このようにある。

『猫をたいへんかわいがっていた魚屋が、病気で商売ができなくなり、生活が困窮してしまいます。すると猫が、どこからともなく二両のお金をくわえてき、魚屋を助けます。ある日、猫は姿を消し戻ってきません。ある商家で、二両くわえて逃げようとしたところを見つかり、奉公人に殴り殺されたのです。それを知った魚屋は、商家の主人に事情を話したところ、主人も猫の恩に感銘を受け、魚屋とともにその遺体を回向院に葬りました。

江戸時代のいくつかの本に紹介されている話ですが、本によって人名や地名の設定が違っています。江戸っ子の間に広まった昔話ですが、実在した猫の墓として貴重な文化財の一つに挙げられます。』

お寺の人に伺ったところ、塚の下には実際に、猫のお骨があるという。ならば、この由来にも真実が含まれていると見ていいだろう。

長野県上水内《かみみのち》郡の法蔵寺にも「猫塚」がある。

こちらは猫が法衣を着けて、ほかの動物達に説教をしたことに由来がある。

鳥取県鳥取市の湖山池《こやまいけ》には猫島という島があり、そこには「猫薬師」が祀られている。

ちなみに、東京都新宿区の自性院《じしょういん》にあるのは「猫地蔵」だ。

日本において、猫達は如来や菩薩にまでなっているのだ。

神となった猫はもっと多い。

山形県東置賜郡高畠町には、犬の宮と共に猫の宮があり、犬と猫そのものが祭神になっている。

高知県須崎市にある箕越《みのこし》猫祠社、鹿児島県鹿児島市の猫神神社、宮城県田代島、通称猫島にある美與利《みより》大明神も同様だ。

すべて、猫が祀られている。

また、招き猫発祥の地として、手を挙げているのは、東京都台東区の今戸《いまど》神社、東京都世田谷区の豪徳寺……。

すべてを数えるのは無理なので、この辺りでやめておこう。

猫関連の社寺や旧蹟は、一冊の本にもなっているほどだ。ここで全部を紹介するのは不可能だ。

しかも、恐ろしいことに、個人的なものから観光施設まで、猫神社は今も増え続けている。

猫を祀る一因は畏怖にあると記したが、人々が猫を祀る理由はそれだけには止《とど》まらない。

愛情や後悔、感謝の念が、猫を神仏に近づけるのだ。

猫を飼う人のための社もある。

「猫返し神社」というのが、それだ。

――慶長七年（一六〇二）、京都一条の辻に高札が立てられた。

そこには、洛中の猫を放し飼いとすることと、猫の売り買いを禁止する由《よし》が記されていた。

この高札は京都に鼠が大量発生したため、立った。

以来、同じ趣旨のお触れは、江戸時代に何度も出された。

猫達は鼠を狩るために、その綱を解かれたのだ。

また、鼠をよく獲る猫は貴重だったため、売買の対象となる時代も続いた。

『猫は犬より働いた』（須磨章著　柏書房）には、明治中期から大正時代にかけて、「猫市」が立っていたと記されている。

江戸後期に記された『甲子夜話《かっしやわ》』には、なんと馬一頭一両の時代に、猫が五両で取引されていたとある。

それだけ、鼠の問題は深刻なものだったのだろう。

高札以前、どれほどの猫がリードを付けられ、飼われていたかはわからない。しかし、猫は自由を得た。そのため、彼らは人間の前から姿を消すようにもなった。

出ていったきり、戻らないものもあれば、数日で帰ってくる猫もいる。

理由は様々あるのだろうが、可愛がっていた飼い主は、突然の猫の失踪にいてもたってもいられなくなる。そこで、彼らはいなくなった猫を戻してくれる「猫返し神社」に祈願した。

猫返しに歴史のある神社としては、東京都中央区にある三光稲荷神社が挙げられる。由緒に「猫族守護神」とあるように、この神社は猫に関するすべての祈願をする場所として有名で、戦前までは迷い猫の祈禱もしていた（ちなみに、無事、猫が戻ったときには招き猫をお供えする）。

巷では、「三光新道のニャン公さま」として親しまれていたとの話だが、ペットブーム以前の時代に、このような神社が評判を取るというのは興味深い。

祈禱を頼むほど猫を愛した人々が、多くいたというのも驚きだ。

「猫可愛がり」の言葉があるように、今も昔も、猫を溺愛する人は多かったということか。

ともあれ、この「猫返し神社」も、近年になってまた増えた。

東京都立川市にある阿豆佐味天《あずさみてん》神社の摂社、蚕影《こかげ》神社がそれである。

蚕影神社は、養蚕の神を祀っている。

ここに限らず、養蚕系の神社は元々、猫とは縁を持っていた。猫もまた蚕を鼠から守る、お蚕様の守護だからだ。

そのため、養蚕が盛んな地域の神社には、往々にして狛猫《こまねこ》がいる。

そんな神社のひとつが、なぜ「猫返し神社」として名を馳《は》せたのか。

——話は、二十五年ほど前に遡る。

ジャズピアニストであり、エッセイストでもある山下洋輔氏は、姿を消した愛猫を十七日間捜し回って、蚕影神社に辿《たど》り着いた。

当時も狛猫がいたのだろうか。氏は猫が戻ってくるよう、神社に祈願した。そうしたところ、なんと翌日、猫は家に戻ってきた。

当時、山下氏はそのエピソードを冗談交じりに『芸術新潮』に発表した。常識ある大人として、これを偶然と見るのは当然だ。

ところが、それから暫く経ったとき、氏の許から別の猫が姿を消した。

山下氏は蚕影神社に赴いて、再び猫返しを祈願した。すると、またも猫は戻ってきたのだ。

半信半疑だった山下氏は二度の御利益に驚嘆し、自ら演奏した「越天楽《えてんらく》」を録音、蚕影神社に奉納した。

蚕影神社はそのことにより、猫返しの御利益があると全国に知れ渡ったのだ。

時代によって、祭神の解釈が変わったり、御利益が変化するのはよくあることだ。ある出来事によって、民衆の眼差しが変わってしまう社寺もある。

猫とは関係ないのだが、東京都文京区にある源覚寺は、「こんにゃく閻魔《えんま》」として知られている。

名の由来は、閻魔大王に眼病平癒を祈願した老婆が御利益を頂き、感謝のしるしに好物だったこんにゃくを断ったことにある。このことから、現在でも祈願にはこんにゃくが供えられ、また、縁日にはこんにゃくがふるまわれる。

源覚寺の本尊は、阿弥陀如来《あみだにょらい》で、閻魔大王は脇のお堂に祀られている存在だ。にも拘わらず、小さな奇瑞《きずい》が、寺院そのものを変えたのだ。

阿豆佐味天神社と蚕影神社の関係も、ほぼ同様と言っていいだろう。

このような事例は全国にある。が、伝説の成立を、現代の我々が目《ま》の当たりにすることは滅多にない。

それが一猫好きによって成されたのだから、面白い。

きっと百年も経った頃には、山下氏の体験は、蚕影神社の由緒に記されているに違いない。

『昭和の終わり、ピアニストの山下洋輔さんは、いなくなった猫を捜して、たまたま当社の前を通り掛かりました……』

猫の信仰はアクティブだ。

いなくなった猫を捜すおまじないもある。

作法には、バリエーションが存在するが、

『立ち別れ　因幡《いなば》の山の峰に生《お》ふる　松とし聞かば　今帰り来む』

この和歌の上の句「～生ふる」までを紙に書き、猫が使っていた食器の下に置いたり、玄関の人目につかない場所に貼る。

そして、猫が戻ってきたら、下の句を書き足し、川に流したり、燃やしたりするのだ。

和歌は在原行平《ありわらのゆきひら》作で『百人一首』にも選ばれた名歌である。

歌の意味は、お別れして因幡国に行きますが、あなたが待っていると聞いたら、すぐに帰ってきます、というものだ。

和歌を用いるまじないは、日本の民間信仰ではスタンダードな方法だ。歌に宿る言霊《ことだま》の作用を期待してのこの方法は、盗難除けから歯痛止めまで、多くが江戸期に成立した。

猫返しのまじないも、その中のひとつだ。

つまり、そんな古くから、人はいなくなった猫を捜して、まじないや社寺に頼ったのだ。

理由は前に記したとおり、猫が自由であったためだ。

だが、その捜索に見えない力を借りるのは、やはり猫だからこそ、ではなかろうか。まじないや祈禱をするほどに、人は猫の帰還を願った。が、無事に戻ってきても、喜んでばかりはいられないのが猫である。

戻った猫は、化け猫になっている可能性があるからだ。

――標高一四三三メートル。

熊本県阿蘇郡に聳《そび》える根子岳《ねこだけ》は、猫達の修行の場として知られている。

そこには猫の王が棲み、猫達は大晦日や節分に集い、また、「猫岳参り」と称して修行に励んだ。

期間は数日から半年ほど。免許皆伝の暁には耳を嚙み割ってもらうため、人里に戻った猫達は耳が裂けていたと伝わっている。

そして、免許を持った彼らは里の猫達の頭領となり、化ける力も身につけたという。

根子岳の話が初めて記録されたのは、江戸中期、宝暦から明和年間（一七七〇年前後）に記された『搭志随筆』とされている。

それ以降、肥後を中心に、伝説はより詳細に語られた。

即ち、根子岳には猫の王国があり、何百もの猫が暮らしている。

集会があるときは、峰や谷のいたるところから猫の鳴き声が聞こえてきて、猫達が二、三百匹も連なって歩くのを見ることがある。

王国の猫屋敷に迷い込んだ人間は、猫に変えられ、下働きをさせられる。猫の王は虎ほど大きい。巨大な黒猫とも伝わっている……。

こっそり覗いてみたいものだが、猫が集うのは、根子岳のみではない。修行をする山、猫の国がある山は、長野県戸隠山や木曽御嶽山《きそおんたけさん》などの有名どころをはじめ、何ヶ所もある。化け猫がいたというだけの話なら、もっと多くの山にある。

古い記録にある猫又は、山中に棲む巨大な猫だった。

人々の心に宿ったこの記憶が、後代、猫の王として膾炙《かいしゃ》したのは間違いない。また、猫の王国はマヨイガに代表される「山中他界」と同様のものとするのが妥当だろう。「猫薬師」の伝説が残る鳥取県猫島近隣の因幡山（稲葉山）にも、猫の国の話があり、舌切り雀と同系列の伝説が伝わっている。

この因幡山の伝説は、多分、猫返しの呪文にあった「因幡の山」に関連づけられ、できたものと推察される。和歌のまじないを知った誰かが、猫島近くの因幡山こそ、行方知れずの猫達が集う場と考えたに違いない。

ともかく、猫の伝説や所縁の場所も、社寺以上に膨大で、紹介しきれるものではない。話はいくらでもあるし、今後もいくらでも出てくるだろう。

ある意味、猫の霊能はまだ発展途上の段階といえる。まとめることは不可能なのだ。

しかし、それでは話を終えられないので、少し疑問を記しておきたい。

まず、第一に気になったのは、猫の王国が記録に現れた時期だ。『搭志随筆』成立の年代ははっきりしていないが、西暦一七七〇年前後であるとされている。

『狼の部屋』にて記した、三峯神社の御眷属様信仰の始まりは、社伝によれば、享保五年（一七二〇）。

『狐の部屋』にて語った石狐像の最古は、寛延元年（一七四八）。

『憑きものの部屋』で紹介した、狐持ち最初の記録は、天明六年（一七八六）に成立した『人狐物語』だった。

憑きもの達の登場を、私は飢饉との関係で記したが、これまでに出てきた霊能動物を改めて眺め渡してみると、飢饉のみを原因とすることは無理があるようだ。

『狐の部屋』でも疑問としたが、十八世紀の日本で、神仏と動物達、それを崇める人の間に一体、何が起きたのか。

もう一度、考えてみたい。

時代は八代将軍徳川吉宗から、十代将軍家治《いえはる》までだ。

吉宗公は享保の改革を行って、幕府の財政を立て直したため、名君として数えられている。だが、経済を上向きにした一方で、年貢を増やして、農民に重い負担をも強いている。

つまり、吉宗公の時代は、大企業の景気は上向いたが、国民の負担は増えるという、アベノミクスみたいな状態だったわけだ。

また、江戸町火消し、目安箱、小石川養生所など、時代劇でお馴染みの制度ができたのも、この時代だ。

しかし、それ以上に特筆すべきは、十七世紀から十八世紀初頭までの間に、推定によると、日本の人口が一千二百万人余から三千万人以上、即ち約二倍半に急増したことだ。

理由は、ひとつ前の時代に行われた太閤検地だ。

この制度によって、小農は自立し、各々《おのおの》世帯を持つことが叶った。そして、彼らの自立によって、直系家族という考えが生まれた。つまり、『憑きものの部屋』で問題となった家系の話は、戦国時代以前の農村部では、成立不可能だったのだ。

それはともかく、人口増加は人材を生み、十八世紀には数々の天才が世に現れた。

儒学者青木昆陽《あおきこんよう》、蘭学者杉田玄白《すぎたげんぱく》、国学者本居宣長《もとおりのりなが》、マルチな天才である平賀源内《ひらがげんない》。

俳句では与謝蕪村《よさぶそん》が出、そこから柄井川柳《からいせんりゅう》が川柳を創出。

また、絵画では円山応挙《まるやまおうきょ》と奇想の天才伊藤若冲《いとうじゃくちゅう》。浮世絵もまた隆盛し、鈴木春信《すずきはるのぶ》、東洲斎写楽《とうしゅうさいしゃらく》、葛飾北斎《かつしかほくさい》が人気を博した。歌舞伎は既に確立しており、ゆえに音楽も盛んな時代だ。

まさに百花繚乱《ひやっかりょうらん》。並んだ名前を見るだけで、気持ちが昂揚《こうよう》してくるほどだ。

もちろん、長い年月の間には天災もあったし、飢饉もあった。しかし、人々はそれを凌《しの》ぐエネルギーを蓄えて、勉学に、娯楽に勤《いそ》しんだのだ。

動物達の霊能が囁《ささや》かれ始めたのは、そんな時代だ。

思うに、彼らの不思議な力は、もっと前の時代から沢山語られていたに違いない。だが、これ以前の記録者達は、貴族や僧侶など、少数のごく限られた人達だった。

しかし、十八世紀に入って、庶民の識字率は上がった。

資料に依ると、都会に限れば八〇%に達しており、世界一であったという。

欧米の識字率が低かったのは、庶民を隷属させるため、読み書きを教えなかったからという。が、日本はそうはしなかった。ゆえに、ほとんどの人が高札を読み、貸本で物語を享受したのだ。

文字が読めれば、情報も伝わる。文字が書ければ、記録が残る。それが人口増加や文化の隆興と相俟《あいま》って、市井に精神的余裕を生み、動物達の霊能にまで目が配られるようになったのではないか。

ゆえに、この時代から、記録が出てきたのではないか。

そして、その中に、猫達の姿も記録されたのだ。

――江戸時代、猫はどれほどいたのだろう。

文化二年（一八〇五）の日本橋風景を描いた『熈代勝覧《きだいしょうらん》』には、犬は描かれているが、猫はいない。ちなみに「伊勢屋、稲荷に犬の糞」とは、江戸の町に数あるものを並べた流行《はや》り文句だが、なぜか、伊勢屋もひとつもない。

しかし、幕末の絵師・歌川国芳は猫をモチーフにした絵を沢山残した。

彼の時代にいきなり猫が増えたわけでもないだろうから、猫達はそこそこの時代からそこそこの数、存在していたと想像できる。

不思議なことに、この猫達は、江戸の町に沢山あった稲荷と狐に通じている。

「猫返し神社」のひとつは、三光稲荷神社だった。

大阪の住吉大社末社であるお稲荷さんの楠珺社《なんくんしゃ》では、商売繁盛の縁起物として、初辰《はったつ》まいりで「招福猫」を頒けている。その姿は裃《かみしも》を着けた招き猫になっている。

また、先にも記したが、強い霊力を持つ証として、尾が裂けるのも狐と猫だ。加えて、修行を積んで位が上がるという伝説も、猫と狐は共通している。

『江戸のおいなりさん』（塚田芳雄著　下町タイムス社）によると、狐達は京都においては伏見稲荷大社、江戸では王子稲荷神社にて、多くの鳥居を飛び越えることで神位を上げていくという。

狐はイヌ科に属しているので、本来、猫とは相容《あいい》れないはずだ。だが、人々は猫と狐に似たような力を感じていたのだ。

これも、理由はわからない。けれど、実際、稲荷神社で猫を見ると、しっくり収まっている感じを受ける。

無論、このことは私という一猫好きの個人的感覚に過ぎないが、昔の猫好きも似たようなことを感じたのかもしれない。

とはいえ、猫は犬達とも多くの伝説を共有している。

疑われて斬られた猫の首が、大蛇に食らいつく伝説は、前節にて、既に記している。この話は犬にもあり、各地の犬塚、猫塚における由来の主流となっている。

また、犬は猿の化け物を、猫は鼠の化け物を退治し、力尽きてしまうという話もある。化けもののモチーフこそ違え、伝説の骨子はほぼ同一だ。

本来、狐は犬を嫌い、猫は犬と仲が悪いというのが相場だ。なのに、伝説の世界においては、三者は猫を真ん中にして繋がっていく。


――果たして、猫とは何なのか。

人にとっては、如何なる存在なのだろうか。

狐は人里近くに暮らした野生動物、犬は一番古くから人と共にいた動物という。猫は野性を失わないまま人の側にいる。ゆえに、その双方の力を備えたのか。いずれにせよ、猫はなんとも曖昧で、摑みきれない存在だ。

しかし、曖昧であるからこそ魅力的なこの存在は、身近な霊能動物として、今後も我々のすぐ側にいて、不思議を為すに違いない。

人魚の部屋

残念ながら、ここ百年、人魚を見たという話は聞かない。

もっとも、昨今の合理的な見解では、人魚はジュゴンやマナティを見間違えたものとされている。

ジュゴンやマナティはテレビで見ている。だから我々は結構普通に、人魚を見ていると言えるのかもしれない。

――しかし、どうも釈然としない。

ジュゴンを人魚と取り違えることは可能なのだろうか。下半身はともかく、ジュゴンの上半身は、そんなにも人に似ているか。

少なくとも、私はそれを人魚と見間違えたことはない。

ジュゴンやトド、アザラシは日本近海にも棲息している。そのため、日本の人魚の記述も、それらを指しているという意見がある。

実際、日本では、過去にアザラシなどの哺乳動物が棲息していた海域に、人魚伝説があるというデータも提出されている。

だが、これも論拠としては弱い、と、私は考えている。

アザラシなどの棲息地は一定であり、その海近くで暮らす人々は、毎日ではないにしろ、彼らの姿を見ていたはずだ。

また、基本的に、アシカやアザラシは群れで行動する動物だ。

棲息域以外のところに単体で紛れ込んできたのなら、見間違えることもあるかもしれない。が、元々沢山いる場所に、人魚の出現記録があるならば、むしろ人魚＝ジュゴンやアザラシ説を否定する材料になるのではないか。

見慣れた生き物を地元の漁師が誤認して、人魚だと騒ぐのは無理がある。

人魚はやはり、人魚ではないのか。

日本におけるジュゴン＝人魚説は、幕末のスペイン語翻訳に一因がある。

スペイン語の「pez mujer」は直訳すると「婦人魚」となる。本来、この単語こそ、ジュゴンを指しているのだが、これを昔の日本人は「人魚」と翻訳してしまった。

そのため、霊能動物である人魚と哺乳類ジュゴンが入り混じり、混乱の果てに同一のものと考えられてしまったらしい。

迷惑な翻訳ミスである。

人魚という言葉自体は、「pez mujer」以前から存在していた。

初出は、中国の『山海経《せんがいきょう》』だ。

『山海経』は、中国最古の地理書であるが、その内容は妖怪博物誌に近い。ゆえに人魚についても記されている。

『丹水ながれ東南流し洛水に注ぐ。水中に水玉《すいしょう》多く、人魚が多い』

『英水ながれ南流し、即翼の沢に注ぐ。水中には赤鱬《せきじゅ》が多く、その状は魚の如くで人の面《かお》、その声は鴛鴦《おしどり》のよう』

『互人の国あり、〔人面魚身〕』

人魚という単語自体は外来語であったのだ。

ゆえに、これまた一般的には、妖怪としての人魚の概念も、中国から日本にもたらされたものとされている。

しかし。しかし、だ。

しつこいようだが、私はこれにも異を唱えたい。

『山海経』がいつ日本に渡ってきたのか、正確なところはわからない。だが、単語と共に該当動物が棲息を始めるわけはない。逆に、もしそういう生物が海を漂っているならば、どこどこ由来の妖怪と区切って語れるものでもないはずだ。海はどこにでも通じている。

日本の文献で、初めて人魚らしきものが記されるのは『日本書紀』となる。

『（推古天皇）二十七年（六一九）夏四月の己亥《きがい》の朔《つきたち》にして壬寅《じんいん》に、近江国《おうみのくに》の言《まを》さく、蒲生《かもう》河に物有り。其の形、人の如し、とまをす』

また同年、

『秋七月、摂津国《つのくに》に漁父《あま》有りて、罟《あみ》を堀江に沈《お》けり。物有りて罟に入《い》る。其の形、児《わくご》の如し。魚《うお》にも非《あら》ず、人にも非ず、名《なづ》けむ所を知らず。』

とある。

但し、『日本書紀』には人魚という単語は出てこない。この語がはっきり記されるのは、十四世紀。『嘉元記《かげんき》』という法隆寺文書だ。

『人魚出現事、或日記云。天平勝宝（孝謙天皇）八年五月二日、出雲国ヤスキノウラヘイツ』

『宝亀（光仁天皇）九年四月三日、能登国《のとのくに》ス丶ノミサキニイツ』

『嘉元記』は、日本海側での人魚出現を伝えている。

以後、途切れ途切れではあるものの、人魚の話は忘れられることなく、近代まで続いていく。そして、その存在も、つい最近まで、半信半疑ながらも人々に信じられていた。

昭和十六年（一九四一）発行の『若狭八百比丘尼《びくに》続編』（若狭史談会編）の編者宛て

に、佐渡在住の郷土史家はこんな手紙を出している。

『人魚と云ふものは水産學上あるものですか。先年東京の博覧會でも見ましたし新潟の水族館でも佐渡より出品したといふ長さ一尺五寸位のものを見ました。これは干物になって硝子戸に入れてあります。』

江戸時代の見世物では、一般的な生物と河童《かっぱ》のミイラなどが一緒に展示されていた。そのため、妖怪と呼ばれる彼らにも、リアリティを感じる人がいたのだろう。

同様の展示方法が、科学的であるはずの水族館等にも受け継がれていたならば、佐渡の郷土史家が混乱し、信じてしまうのも無理はない。

いや、「信じる」という言い方は、ここでは不適切だろう。

展示された人魚の「干物」はフェイクだったかもしれない。しかし、人魚と呼ばれる動物は確かに日本の海にいたのだ。

『人魚の動物民俗誌』（吉岡郁夫著　新書館）には、人魚の出現年表がある。

筆者はこの一覧から、人魚は太平洋側、日本海側のどちらでも見られること。地域ではなぜか、一三〇〇年以降は中部以西に偏ることなどを記している。

ちなみに、北海道の記録はない。

情報が得られなかったのか、あるいは北海道近海には人魚がいなかった――トドやアザラシを人魚と見間違えることはなかった――ということだろう。

同書にある人魚出現地の分布図を見ると、人魚はなぜか、関東以西の太平洋側にもいない。また、地域を問わず、湾状・入り江状になっている近海に多く出現している。海水温や潮流には影響されないが、入り江状の穏やかな海を好むらしい。

ただ、これが同一種の人魚であるかどうかは疑問が残る。

人魚の容姿はバラエティに富んでいるからだ。

『江戸の人魚たち』（花咲一男著　太平書屋）などを参考に、推測できる出現年代順に人魚の姿を並べてみよう。

『形婦人ノ如シ。腰以上ハ人ノ身。腰以下ハ魚尾。髪ハ長サ五六尺』『廣大和本草』（八一〇～八二三）

『大成魚《おおきなる》の頭は人のやうにて有りながら、歯はこまかにて、魚にたがはず、口さし出て、猿に似たりけり。身は世の常の魚にて有りけるを、三喉《びき》ひき出したりけるを、二人して荷ひたりけるが、尾なを土におほくひかれてけり。人の近くよりければ、高くおめく声、人のごとし。又、涙を流すも人にかはらず。』『古今著聞集』（一二二〇～四五）

『本草綱目に人魚あり。かたち人に似て腹に四足あり、ひれのごとし。海山河にも有。漁人の網にかゝる。人をそれてくらはずと。』『北条五代記』（一一八九）『或者曰フ、比頃東の海の某州某地に異獣を出す。人面魚身にして鳥趾《あし》也。京に入て妖を作んとす』『碧山日録《へきざん》』（一四六〇）『宝永年中、乙見村の漁師、漁に出けるに、岩のうへに臥たる体にして居るものを見れば、頭は人間にして襟に鶏冠《とさか》のごとくひら〳〵と赤きものをまとひ、それより下は魚なり。』『諸国里人談』（一七〇四〜一〇）『全ク人體ニシテ腹下ハ見ザレドモ、女容ニシテ色青白ク、髪薄赤ニテ長カリシトゾ。』『甲子夜話』（一七四四）

童話的な人魚を彷彿《ほうふつ》とさせるモノもあれば、足がついているモノ、顔だけが人であるモノもいる。

文化二年（一八〇五）に刷られた瓦版には、髪の長い女の頭部に角があり、首から下は魚という人魚が報じられている。

また、記録から、淡水に棲むモノと海に棲むモノの二種類がいるのも確認できる。声も雲雀を誘う笛のようだったり、鹿のようであったりと、これまた統一感がない。

出現状況もまた、暴風から快晴までと定まらない。一説、人魚の出現は発光現象を伴うとも言われるが、これもすべてというわけではない。

飼育記録が皆無のせいか、その食べ物も謎である。

魚介類だろうとは思うのだけど、草食性かもしれないし、もしかすると鯨のようにアミやプランクトンを食べている可能性だってある。

もちろん一般の海棲生物同様に、棲息地や種類によって異なっている場合もあるやもしれぬ。

ともかく、人魚はまだまだ謎だ。

記録を収集する以外、さしたる研究もされていないのだ。


さて。生き物としての人魚はこのくらいにして、次はその霊能を見てみよう。

皆が一番よく知っているのは、人魚の肉を食べて、不老不死となったという八百比丘尼の伝説だろう。

以来、人魚の肉は不老不死の霊薬として、様々な創作の題材とされた。

確かにこの伝説は魅力的だ。けれども、すべての人魚の肉にこの効用があるかどうかは疑問が残る。

いうオチがつく。

『古今著聞集』に「猿に似たりけり」と記された人魚は、地元の漁民が食べてしまうと味は良かったとあるのだが、不老不死伝説には繋がらない。

但し、この記録には「人魚」という表現がないため、本物の人魚かどうかは疑わしい。この話を紹介した前《さきの》刑部少輔《ぎょうぶしょうゆう》忠盛《ただもり》朝臣《あそん》は、漁師が食べてしまったことに呆《あき》れ驚いてはいるものの、漁師達自身はその生き物を異形のモノとも騒いでいない。

ここに記された動物は、それこそジュゴンか何かだったのかもしれない。

一方「人魚」の文字が記されている『北条五代記』では「人をそれて（恐れて）くらはず」と、食用にはされていない。

もし、彼らが人魚の肉にまつわる不老不死伝説を知っていたなら、捕獲者、記録者共に色めき立っていたはずだ。それがないということは、人魚の肉＝不老不死の霊薬であるという認識は、一般的ではなかったということになる。

不老不死伝説は、一体どこからもたらされたのか……。

検証する前に、不老不死以外の人魚の呪力を挙げておきたい。

西洋における人魚は、海の妖怪・セイレーンとも同一視され、人を海に引き込む魔力を持つ。「英雄」以外の人にとってはただ恐ろしい存在だ。

しかし、日本の人魚は違う。

記録を拾ってまとめると、人魚には以下のような霊力があるとされていた。

①出現が国の吉凶を占う。
②骨などが薬となる。
③魔除け。
④海の豊饒《ほうじょう》を司る。

①は様々な出現記録に付与されるもので、日本における一般的な解釈のひとつと見なしていいものだ。
②の情報はスペイン由来。本来は人魚ではなく、「pez mujer」、ジュゴンについての記述であり、いわば、これは漢方の薬効だ。翻訳ミスによって、ジュゴンの骨の効能が人魚にまで及んだのである。
③の魔除けとしての霊力は、江戸時代に流布された。人魚の絵を身につけたり、戸口に貼ったりしておくと、疫病除けになるとされたのだ。
当時、人魚出現を報じた瓦版には人魚自身の言葉として「われハ七ヶ年以前入水するといへ共、不死の其大海神ニ仕へ、一方の守護神となれり」とある。

海神・水神に捧げられた娘がその眷属となる話は、日本全国様々な土地に残っている。

水神の眷属となった者は、大概、元の姿を失い、大蛇や竜に姿を変える。泉鏡花『海神別荘』は、その伝説に基づいて、娘を大蛇の姿に変えた。

一方、瓦版では大蛇の代わりに、娘は人魚になったとする。

語られた「入水」が供犠なのか、事故・自殺であるかは不明だが、人間が海神や水神の眷属として認められた場合は、何にせよ人の姿を失うという共通認識があったのだろう。

その認識が発展すると、④のように、人魚自身が海神に近い存在とされ、海の幸を司るようになってくる。

『するとここに不思議な話がありました。この絵を描いた蠟燭《ろうそく》を山の上のお宮にあげて其《そ》の燃えさしを身に付けて、海に出ると、どんな大暴風雨《おほあらし》の日でも決して船が顚覆《てんぷく》したり溺れて死ぬやうな災難がないといふことが、いつからともなくみんなの口々に噂となつて上りました。

「海の神様を祭つたお宮様だもの、綺麗な蠟燭をあげれば、神様もお喜びなさるのにきまつてゐる」と、其の町の人々は言ひました。』

小川未明『赤い蠟燭と人魚』の一文だ。

美しい人魚の娘が絵付けをした蠟燭は、海神を祀るお宮に点《とも》され、人間達に幸いをもたらす。

捕らえた人魚を逃がしてあげれば、豊漁になったり、宝珠を得るという話もある。

逆に、人魚を殺したり、ひどいことをすると災いに遭う。

『諸国里人談』にある、鶏冠のような襟飾りを持った人魚は、若狭御浅嶽《わかさみせんだけ》の御浅明神の使いであったとされている。

同書によると、御浅嶽は魔所とされ、八合目より上には登らないとある。

山は若狭湾に聳える双耳峰で、現在の名称は青葉《あおば》山だ。

標高は東峰六九三メートル、西峰六九二メートル。高浜辺りから眺めると、鋭い頂上を持った美しい独立峰として眺められる。

この山は奈良時代から修行の場とされており、山頂周辺には行場跡のようなものが残っているらしい。

つまり、『諸国里人談』の言う「魔所」とは聖域のこと。頂上付近は禁足地であったのだろう。

襟飾りを持った人魚は、海にいながら、霊山の神に所縁を持っていたわけだ。

それを疎《おろそ》かに扱えば、当然、神の祟りを受ける。

『諸国里人談』に記された人魚は、発見した乙見村の漁師によって殺されてしまう。が、骸を海に投げ入れて帰ったところ、十七日間、大風が吹いて海鳴りが止まず、さらに三十日余りののちに大地震が起き、御浅嶽の麓《ふもと》から海辺までが地割れで裂けた。そして、それによって、村はそっくり海に沈んでしまったという。

なんとも凄まじい祟りようだ。

この衝撃的な顚末もまた、『赤い蠟燭と人魚』のラストに如実に反映されている。

ちなみに、小川未明の出身地である新潟県上越市にも、人魚にまつわる伝説がある。霊能動物としての人魚は登場しないのだが、一応、粗筋を挙げておこう。


——あるとき、佐渡島にいる娘が雁子浜《がんこはま》の男と恋に落ちた。娘は毎夜毎夜、袴形《はかまがた》の明神様に点された常夜灯の灯を頼りに海を渡って、男との逢瀬を続けていた。しかし、ある晩、男は常夜灯を点すことを怠ってしまう。

そのため、娘は方角を見失って溺死して、彼女の死を知った男も、後を追って海に身を投げる。

ふたりを憐れんだ村人は、常夜灯の側に塚を作って埋葬し、「人魚塚」と名付けて祀った……。

塚は現在も残っており、海岸には人魚の像もある。

無論、小川未明も地元の伝説は知っていた。だから、人魚に蠟燭を点させ、冒頭にこう記したのだ。

『人魚は、南の方の海にばかり棲んでゐるのではありません。北の海にも棲んでゐたのであります。』

いずれにせよ、日本の人魚は積極的に何かをするというよりも、その存在自体が霊妙不可思議なモノとして認識されていたようだ。

そして見世物などにされる以前は、単に奇妙な妖怪ではなく、神に通じる生き物として人々に理解されていた。

ならば、本来、そういう存在を食用とする意識は育たないはずだ。なのに、なぜ、八百比丘尼は人魚の肉を食べたのか。

まずは一般的な伝説をごく大雑把に記してみよう。

――ある人の招きにより宴会に出た長者は、出された肉の尋常ならざることを見て取って、食べるのを止め、袖に入れて持ち帰る。長者は戸棚に肉をしまっておいたが、娘が見つけて食べてしまう。肉は人魚の肉であり、以来、娘は不老不死となって各地を流浪する。

現在、文書で確認できる八百比丘尼最長生存期間は、一千二百七十五年間。

『若狭國守護代記』によると、八百比丘尼は雄略天皇十二年（四六八）に生まれたとある。それを最古とし、養老二年（七一八）生まれとするものまで、出生時期には六説ある。

人魚の肉を口にするのは大体十五、六歳のときと定まっているが、享年にはまた諸説ある。

最初に享年として語られるのは、建武二年（一三三五）。『遊方名所略』という書物の中だ。

だが、そののちも八百比丘尼は各地に現れ、また、死んだと語り続けられる。

そして、元文年間（一七三六～四一）、御浅嶽が聳える若狭湾に面した、小浜《おばま》湾空印寺の洞穴にて入定したと記されるまで、彼女は記録され続ける。

岸部隆雄「八百比丘尼伝説について」（『小浜市郷土研究会便り・第九号』）によると現在、出生地として名乗りを上げる土地は、全国に六十三ヶ所。没地二十七ヶ所。それらを含めた伝承地は一都一府二十九県、百九十六ヶ所に上っている。

不老不死であるはずの八百比丘尼に、死の伝説があるのは不思議だが、これにはふたつの説がある。

ひとつは、空印寺に代表される入定説。

八百比丘尼は生きるのに疲れて絶食し、即身成仏として入定して、この世から姿を消したというものだ。

もうひとつは、橋の上で転んだため、寿命が尽きたといった話だ。

京都の産寧《さんねい》坂なども、転ぶと三年以内に死ぬと言われるが、坂や橋は一種の異界、生死の境界線とみなされている。八百比丘尼といえど、その異界の力には敵わなかったということか。

入定伝説の残る若狭でも、現存こそしていないものの、八百比丘尼が造ったという橋があり、「こうろぎ橋」＝「転び橋」と呼ばれていた。

しかし、繰り返しになるが、日本の人魚は本来、海神の眷属であり、間違っても宴会の料理に出るようなモノではない。

八百比丘尼伝説は、日本の人魚伝承中一番有名でありながら、一番異質なのである。

では、なぜ八百比丘尼に限って、人魚を食物としたことが話の核になるのだろうか。

ヒントはある。

中国・秦始皇帝《しんしこうてい》の陵墓の様子だ。

資料によると、始皇帝陵の内部は、三重の扉で守られた地下宮殿になっているという。そこには水銀を湛《たた》えた大河や海があり、人魚の油を使った消えずの灯《あか》りが、今も明々と点っているとか。

驪山陵《りざんりょう》と呼ばれる始皇帝の墓は未《いま》だ発掘されていない。が、調査によると、陵墓の土壌に含まれる水銀の値は、自然界の三五ppbに対し、七〇～二八〇ppb。周辺地域の値と比べても、八倍高いというデータが出ている。

異常に高いこの数値こそ、水銀の大河や海の存在を裏付けるものだとされている。

ならば、人魚の油というものも、存在する可能性は高いだろう。

いうまでもなく、始皇帝は不老不死に強い関心を抱いていた。

日本に辿り着いたという徐福《じょふく》も、始皇帝の命を受けて、不老不死の薬を求めた。そして水銀もまた、不老不死を得るための仙薬として認知されていた。

陵墓に水銀を湛えた大河や海が造られたのは、不老不死に対する始皇帝の執着ゆえに違いない。

となると、消えない——即ち永遠に点る灯りもまた、不老不死に通じるアイテムとして用いられた可能性が高い。

油となった人魚の正体がなんであるかは措くとして、古代中国における人魚は、水銀同様、仙薬の一種であったのかもしれない。

その思想が日本にもたらされ、八百比丘尼伝説誕生に一役買ったのではないか。私はそう考えている。

生没地同様、八百比丘尼の父親の名前にもバリエーションがあるのだが、これを列挙してみると興味深いことに気がつくはずだ。

秦道満《はたのどうまん》・根来《ねごろ》道満・高橋長者・橋本某・某漁師・秦勝道（秦河勝《かわかつ》の孫）・行基《ぎょうき》に随行した唐の人……。

そう。八百比丘尼の父親は、渡来人とされる場合が多いのだ。

考えてみれば、比丘尼という存在自体、渡来の宗教である仏教に依るものだ。

加えて興味深いのは、仏教伝来後、最初の比丘尼十人が揃《そろ》って入定した場所が、若狭とされていることだ。

若狭自体、古くは中国大陸や朝鮮半島との交易が盛んな場所だった。

そこに、比丘尼・入定・人魚の三つが揃うというのは面白い。

人魚と八百比丘尼伝説は分かちがたい関係にあるけれど、その核にある話こそ、中国由来という可能性が高い。

そういう意味では、人魚は中国から日本にもたらされたものと見てもいいだろう。とはいえ、日本本来の人魚は、不老不死を得るための食材ではない。また、人を引き込む妖怪でもなければ、美女でもない。

彼らの本当は、海神をはじめとした偉大な神の眷属であり、海という異界・常世に棲む尊い異形なのである。

多分、霊能動物中、一番人の世界から離れた場所――異界と現世の接点に、彼らは棲んでいる。

ゆえに、人魚の気配はとても希薄だ。

食べようと考えているわけではないが、私はいつか人魚には会ってみたいと願っている。

だが、自然という異界、異界への畏怖から遠退《とおの》いてしまった我々の前に、人魚は最早、姿を現してはくれないような気もしている。

そういえば、中原中也《なかはらちゅうや》も歌っていた。

海にゐるのは、

あれは人魚ではないのです。
海にゐるのは、
あれは、浪ばかり。

人魚のことを思うたび――いや、すべての霊能動物に、合理的・科学的という名のこじつけがなされ、その存在が否定され、そうして彼らが視界からどんどん消えていくほどに、私はひどく感傷的な気分になってしまうのだ。

出口ではなく、屋上へ

部屋はまだ続きがあるようだった。

この館《やかた》は思っていたよりも、広く、複雑で、奥行きがある。

色々見てきたつもりでいたが、残りのほうが多いくらいだ。馬は見たのに、牛の部屋には入っていないし、鼠、鼬、猿、猪の部屋にも行き着かない。

一体、いくつの部屋があるのか……。

果てがどこかもわからないので、私は一旦、屋上に出て、ひと息入れることにした。

過去にも、私は駆け足で何度かここを訪れている。しかし、改めて探訪してみれば、その複雑さ、展示の豊かさに驚かされるばかりだ。

無論、馴染みの部屋もあった。が、それでもじっくり眺めると、今までは目に入らなかった不思議がそここに潜んでいた。夢の中で訪れたような場所もあったし、友人知人が噂をしていたのはこのことか、と、腑《ふ》に落ちるようなところもあった。

隠し部屋が現れて、覗くと、可愛らしいモノがそっとこちらを窺っていたり、秘密の通路を天井近くに見つけたようなときもある。

最初、私はこの館には古い時代のモノばかり、半ば剥製のようにして並んでいるのだと思っていた。しかし、改めて観察すると、中にいるモノのほとんどは活き活きと動き回っていた。

加えて、部屋の多くは間断なく模様替えがなされている。だから、極めたと思っても、暫く間を置いて覗いてみると、違った場所に違ったモノがいる。見つけ損ねているものも沢山あるに違いない。

屋上に立って見晴らすと、この館の大きさは想像を遥かに超えていた。

正門から入口までは小綺麗な庭園になっていたが、どうも、それは広大な敷地のほんの一部に過ぎないようだ。

日本列島に似た本館の周りは野趣溢《あふ》れる草木で覆い尽くされ、原始的な風景が山のほうまで続いていた。

本館自体も修繕や改築の跡が多々あって、古びた木造の部分もあれば、煉瓦《れんが》や漆喰《しっくい》を使っていたりと、時代も様式もまちまちだ。現に今も西側に建築途中の部分がある。

また、森を隔てた向こうには、規模すら測れないほどに大きな屋敷が建っている。

これは神仏の館であって、どうも施主は違うらしいが、霊能動物館とは数本の渡り廊下で繋がっている。

しかし、この渡り廊下は一般には開放されていない。人が神仏の館を訪れる場合は、正面から「拝む」という作法をもって、改めて入らなければならない。

ただ、霊能動物達はそこを渡って神仏に可愛がってもらいに行くという。また、神仏が彼らの部屋を訪れるときもあるようで、部屋を巡っていると、たびたび、展示の陰にそれらの気配を強く感じたものだった。

霊能動物館所属の別館もある。

水族館、昆虫館、植物園だ。

水族館には立ち寄って人魚の部屋を見たけれど、その他にも、河童を筆頭に大小様々な部屋がある。

鯨と蛸《たこ》、鰻《うなぎ》や鯉など。水場の「主」と呼ばれるモノは大層面白そうだけど、人に祟りやすいので、見物には注意を払わねばならない。

昆虫館では蝶《ちょう》や蟻《あり》、蜘蛛の部屋が大きいという。また、案内によると、この別館には三尸《さんし》の虫や癇《かん》の虫、死して稲虫を司る斎藤実盛《さいとうさねもり》様の部屋もあるという。この辺りも用心しないと障りを受けるに違いない。

植物園は少し趣が異なっている。

花々には風雅な話がたんとある。憐れな物語もまた多く、少々センチメンタルだ。一方、樹木はよく祟るけど、植物達の大概は動物の霊能より淡白ゆえに、観察が難しいとされている。

いずれにせよ、どの別館も面白そうだ。

おや……。手元の案内図をよく見れば、分館として、別の土地には西洋館が建つとある。これまた敷地は広大で、一日では回りきれそうにない。

もっとも、万物に魂があるというのなら、生き物の数だけ霊能があり、同数の部屋があるのだろう。

これでは、一生掛かっても、すべてを知ることは叶うまい。


屋上の手摺《てす》りに肘を載せ、私は遠くの空を見た。

そろそろ帰る頃合いか。それとも、新しい部屋を覗いてみるか。

迷っていると、西日に輝く正門の向こう、一匹の猫が横切っていった。

尾が二股に分かれている。

目をしばたたくと猫はもうなく、替わりに門柱に烏が留まった。こちらは脚が三本だ。

――そうだった。

館にいるモノは、日本国中に棲息している動物達だ。家に帰る道すがらでさえ、沢山の霊能動物達がいる。

町を歩けば、鳥居の脇には狐が座る。道端には鳩がうろつき、公園では犬達が人を連れて散歩している。

我々は数多の霊能動物に囲まれて日々を送っているのだ。

ならば、欲張ることはない。
得心して踵《きびす》を返すと、あっという間に日が暮れて、夜雀達が囀り始めた。
遠くで、狼が遠吠えしている。
無事に帰り着けるかどうか……。
それはまた、別の機会に記す話になるだろう。

＊主要参考文献

『八百比丘尼　伝説資料集』小浜市郷土研究会編著（小浜市郷土研究会）
『小浜市郷土研究会便り　第九号　特集・八百比丘尼』小浜市郷土研究会編集（小浜市郷土研究会会長・岸部隆雄、小浜市駅前町）
『獣神群像　日本の祭り』菅原道彦（サンケイ新聞社）
『カラー　沖縄のまつり』佐久田繁編著（月刊沖縄社）
『現代民話考11　狸・むじな』松谷みよ子（ちくま文庫）
『日本人の魂の原郷　沖縄久高島』比嘉康雄（集英社新書）
『伏見稲荷大社略記』（伏見稲荷大社社務所）
『あずさ弓（上）日本におけるシャーマン的行為』C・ブラッカー、秋山さと子訳（岩波書店）
『稲荷講志　第二』伏見稲荷大社講務本庁　管長守屋光春編修（伏見稲荷大社講務本庁）
『荒神とミサキ　岡山県の民間信仰』三浦秀宥（名著出版）
『狼の民俗学　人獣交渉史の研究』菱川晶子（東京大学出版会）
『猫めぐり日本列島』中田謹介（筑波書房）
『人魚の動物民俗誌』吉岡郁夫（新書館）
『民衆宗教史叢書　第三巻　稲荷信仰』直江廣治編集（雄山閣出版）
『ジンクス　運と偶然の研究』綿谷雪（三樹書房）
『動物たちの霊力』中村禎里（筑摩書房）

『竜蛇さんのすべて 山陰特有の民俗』上田常一（園山書店）
『人・他界・馬 馬をめぐる民俗自然誌』小島瓔禮編著（東京美術）
『日本の憑きもの 俗信は今も生きている』石塚尊俊（未來社）
『東照宮再発見 謎と不思議（改訂版）』高藤晴俊（日光東照宮社務所）
『猫は犬より働いた』須磨章（柏書房）
『猫にまつわる不思議な話』宇佐和通（学習研究社）
『カラスの教科書』松原始（雷鳥社）
『日本人とオオカミ 世界でも特異なその関係と歴史』栗栖健（雄山閣）
『ニホンオオカミは生きている』西田智（二見書房）
『動物信仰事典』芦田正次郎（北辰堂）
『江戸のおいなりさん』塚田芳雄（下町タイムス社）
『幻のニホンオオカミ』柳内賢治（さきたま出版会）
『三峯、いのちの聖地』中山高嶺（ＭＯＫＵ選書）
『憑きもの持ち迷信 その歴史的考察』速水保孝（明石書店）
『憑物』喜田貞吉（宝文館出版）
『民間伝承集成15 憑きもの タタリガミと呪い』土橋寛監修、広川勝美編集（創世記）
『朱』第二十九号、三十二号、三十四号、三十五号、三十九号 伏見稲荷大社社務所編集（伏見稲荷大社）

また、各章にて貴重なエピソードをご提供くださいました方々に、深く御礼申し上げます。

解説　――山犬・人魚考

小宮輝之

霊能動物館は最初に「狼《おおかみ》の部屋」、続いて「狐《きつね》の部屋」、そして「竜蛇の部屋」を挟んで「狸《たぬき》の部屋」と続きます。オオカミ、キツネ、タヌキの三種は、日本に昔から棲息《せいそく》していたイヌ科動物です。イヌ科動物は、視覚より嗅覚で獲物や人の存在を見ている動物で、イヌの嗅覚は人の百万〜一億倍といわれています。オオカミは二・五キロメートルも先にいるシカを匂いで見つけ、人に対しても姿を見る前に匂いで警戒したり、人里に残飯《ざんぱん》漁《あさ》りにきたりするのです。三種のイヌ科動物は、人の能力をはるかに超えた嗅覚を頼りに、人と共存してきました。身近ながら不思議な存在として日本人に寄り添って生きてきたことが、霊能動物館の主役になったいきさつのように思えます。

中国の動物図鑑を見ると、主役たちの名前の混乱が見えてきます。キツネは狐の漢字が中国でも「狐」で問題はありません。「狸」という漢字はイヌ科のタヌキではなくジャコウネコ科に付けられた名で、日本に外来種として定着したハクビシンは「花面狸」と書かれています。漢字と共に絵図なども伝わり、ハクビシンと同じような隈取顔《くまどりがお》のタヌキに漢字を当てはめたのでしょう。日本ではハクビシンの漢字は「白鼻芯」で、花ではなく鼻の字が使われています。

中国ではタヌキは「貉」と書き、日本では「むじな」と訓読みし、タヌキなのかアナグマなのか、「狸の部屋」に興味深いエピソードが紹介されています。シーボルトの絵師、川原慶賀《かわはらけいが》の絵図にアナグマ、タヌキともう一枚ムジナがあります。生き物を得意とする絵師でさえもムジナの存在には混乱していたようで、アナグマでもなくタヌキでもない動物を、想像を逞《たくま》しくして描いているのです。

タヌキは自分で穴を掘らずに、よくアナグマの掘った穴を利用します。アナグマは出入口がいくつかある長いトンネルを掘り、棲《す》み家《か》にしています。アナグマを燻《いぶ》し出そうと出入口で焚火《たきび》をして煙を送りこんだところ、別の出入口からタヌキが跳び出すことがあったようです。外見の似た両種が同じ穴にいることもあり、「同じ穴の貉」という生態に根拠のある言葉が生まれたのです。

「狼の部屋」でも触れられているようにオオカミの名にも混乱があります。中国ではオオカミは「狼」ですが、「豺」という日本にはいないイヌ科動物も存在します。「豺」はドールとかアカオオカミと呼ばれ、オオカミより小型で、上野動物園でも飼われたので、最近では日本でもその姿を知られることになりました。しかし、昔は漢字だけが輸入され、当てはまる動物がいないので「豺」は「やまいぬ」という訓読みで使われてしまったのです。このような経緯も日本での「狼」と「山犬」の混乱の一因なのかもしれません。

　オランダのライデン博物館を訪ね、ニホンオオカミのタイプ標本を見たことがあります。訪問に先立ち、学芸員のクリス・スメンクさんにニホンオオカミを見せてほしいとお願いしておきました。シーボルトがオランダに送ったとされるニホンオオカミは小さな細身の日本犬のようでした。剝製を載せて固定してある台座の裏側にニホンオオカミの学名 *Canis hodophilax* のラベルとともに Jamainu（ヤマイヌ）と手書きのメモが薄らと残っていました。このメモを見た時に、ニホンオオカミのタイプ標本とされる動物をシーボルトは狼というより、山犬という認識でオランダに送ったのではないかと思いました。

　なぜ、貴重な標本の台座の裏まで見ることができたかと言えば、スメンクさんが軽々と標本を裏返しして見せてくれたからです。スメンクさんは私たちに台座の裏のJamainuのメモを見せたかったのです。彼が一人でひょいと裏返しできるほどタイプ標本は小さいものでした。私は日本にある三体の剝製標本のうち、和歌山大標本と東大標本をお借りして、戌《いぬ》年の正月に特設展を開催したことがあります。両標本とも大人二人で慎重に運び込みましたが、とても一人で裏返しできるような小さな剝製ではありませんでした。

スメンクさんは三つの頭骨標本も見せてくれました。一つは剝製のタイプ標本の頭骨で小さく、犬歯も短く、イヌの頭骨のようでした。もう一つのニホンオオカミの頭骨は大きく、犬歯も立派なもので、比較のために並べてくれたヨーロッパオオカミの頭骨より大きく、オオカミに間違いないというものでした。スメンクさんによれば、大きい頭骨のオオカミの日本から発送したはずの毛皮は輸送中に紛失し、小さい Jamainu の方だけが頭骨と共に毛皮も届けられ、剝製標本にされたというのです。

スメンクさんは剝製のタイプ標本を「これはオオカミではなく山犬というイヌなのではないか」と言って私たちを驚かせました。「この標本はシーボルトハウスのサクラにそっくりだ」と言うのです。博物館の後に訪れたシーボルトハウスにはシーボルトの愛犬だったサクラの剝製が展示されていました。日本犬タイプで、スメンクさんの言われた通りニホンオオカミのタイプ標本とそっくりだったのです。

ニホンオオカミの学名は剝製のタイプ標本では山犬に付けられたもので、かつて日本にいたライデン博物館に頭骨だけが保管されているオオカミにはまだ学名が付けられていないことになります。学名は一度付けられてしまうと変更することができません。日本三鳴鳥と言われるコマドリの学名は *Luscinia akahige* で、南西諸島のアカヒゲの学名は *Luscinia komadori* です。シーボルトがライデン博物館に送った、二種のそっくりな小鳥のラベルは取り違われて、学名に付けられてしまったという訳なのです。

大型の和歌山大標本やライデン博物館の大きな頭骨から、かつて日本にオオカミがいたことは間違いないのですが、山犬とは何だったのか想像が膨らみます。イヌは人類初の家畜として長い歴史を刻んできました。イヌはチワワからセントバーナードまで、すべてオオカミの子孫であることが、遺伝子研究でわかっています。日本のイヌの最も古い骨は縄文遺跡から発掘された約一万年前のものです。古墳時代の銅鐸《どうたく》には耳の立ったイヌがイノシシを追い詰め、人が矢を構えている姿が描かれています。地理的に大陸と海で隔てられた日本で、日本犬の特徴は長く保たれてきたことがわかります。

この時代のイヌは放し飼いで、長い間には人里を離れ、山奥の森で自活するものもいたはずです。豚でも鶏でも初期の家畜は放し飼いで、野生との間を行きつ戻りつしていました。人里周辺で暮らす野良犬とは別に、人を頼らず野山で狩りをして、オオカミの生活に戻ったイヌが山犬の正体ではないでしょうか。オーストラリアの野生犬ディンゴはまさしく現存する山犬です。唐犬や洋犬と呼ばれる斑《ぶち》や耳の垂れ下がったイヌが入ってきたのは平安時代以降としても千年の歴史しかなく、その前の九千年のイヌは耳の立った日本犬だったはずで、そうしたイヌが山犬になったとしたら、きっとシーボルトの愛犬サクラやニホンオオカミのタイプ標本 Jamainu のような姿だったはずです。かつて日本には、狼より少し小型の山犬という集団が存在したような気がするのです。

「狼の部屋」とともに私が想像を逞しくしたのが「人魚の部屋」です。人魚のモデルとされるジュゴンやマナティーは海牛目の水棲哺乳動物です。海牛と呼ばれたのは、クジラ、イルカ、アシカなどの海の哺乳類は動物食なのに、このなかまは植物食だからです。かつて海牛と呼ばれていた海棲哺乳動物が実在していました。北太平洋のベーリング海域に棲息していたステラーカイギュウで、コンブなど海藻を食べ、全長九メートルにもなる巨大な生き物だったのです。ステラーカイギュウは一七四一年に発見され一七六八年には絶滅してしまいました。ヨーロッパからラッコなどの毛皮を求めて到達した猟師たちに食べ尽くされたのです。ステラーカイギュウに学名がつけられたのは一七四四年、マナティーは一七五八年、ジュゴンは一七七六年ですから、西欧社会に最初に知られたのは、ステラーカイギュウで Sea Cow を訳した海牛という名が残っているのです。

海牛類は歯の構造やＤＮＡ解析で、ゾウに近いなかまとされています。ウシやウマなど後肢の付け根に乳房がある多くの草食動物と異なり、海牛類はゾウと同じように前肢の付け根に乳房があるのです。ジュゴン人魚説は乳房が胸の位置にあり、海面に顔を出し、体を立てて浮かんでいる姿が、遠目には女性が浮いているように見えたからとされます。とすると、南の明るい海に浮かぶジュゴンより、海霧に覆われた寒い北の海に浮かぶ海牛の方が、疲れ切った船員たちが人魚に見間違えるのにふさわしかったように思えるのです。海牛の肉は癖がなく、乳もバターのような香りがしたとされ、人の恐ろしさを知らない海牛たちは簡単に殺され、メスが殺された時には、乳の匂いでオスが集まり、助けようとしたと伝えられています。私はジュゴンより先に西欧社会に発見された海牛が、最初の人魚のモデルだったような気がするのです。

海牛説以外に日本での人魚伝説のモデル動物として、リュウグウノツカイという体の長い深海魚が知られています。「人魚の部屋」でも日本海側での人魚の伝説や逸話が多く紹介されていますが、今もリュウグウノツカイが網に引っ掛かり、地震の前触れではないかというニュースは日本海側からよく伝えられます。昭和十六年の記録に、新潟の水族館に佐渡産の干物になった人魚が展示されていたそうです。その正体は、リュウグウノツカイかそのなかまの深海魚だったような気がします。実は昭和四十二年に新たに開館した新潟市水族館マリンピア日本海にも、佐渡沖で捕獲されたリュウグウノツカイが標本になって展示されているのです。この標本は干物というよりは綺麗《きれい》に彩色された剝製で三・三メートルあり、頭には赤く染めた髪の毛のような長い背鰭《せびれ》があります。背鰭全体も赤く尾鰭まで繫《つな》がり、腹鰭《はらびれ》も鞭のような弓なりの一メートルほどの赤い鰭です。海面を泳いでいる写真も並べてあり、まるで髪を赤く染めた花魁《おいらん》が派手な長襦袢《ながじゅばん》をくねらせて泳いでいるようでした。

こうした実在の動物たちの姿を思い出しながら、加門さんの言う「霊能動物」や彼らにまつわる伝承に思いを馳せるのもまた、一興ではないでしょうか。

（こみや・てるゆき　上野動物園元園長）

初出　集英社WEB文芸「レンザブロー」
二〇一二年十月～二〇一四年三月

本書は、二〇一四年十一月、集英社より刊行されました。

本文デザイン／織田弥生

加門七海の本

うわさの人物

神霊と生きる人々

幽霊はいるのか？　霊と魂の違いは？　神様ってどんな存在？　霊能力はどうやって授かったの？　――北は恐山から南は沖縄まで、霊能者たちの実態に加門七海が迫る、衝撃の書！

集英社文庫

加門七海の本

怪のはなし

都会の片隅で、さびれた神社で、闇夜の密室で……。時に戦慄し、時に心温まる心霊体験の数々。さまざまな怪異に遭遇してきた著者が綴った、鳥肌必至のリアルな実話怪談集。

集英社文庫

加門七海の本

猫怪々

その子は、雨上がりにやって来た。数多の病と、この世にいないモノを引き連れて。怪談作家が拾った仔猫「ののの」とのあやしくも愛にあふれた日々を綴る、体当たり「育猫日記」。

集英社文庫

集英社文庫

霊能動物館《れいのうどうぶつかん》

2017年11月25日　第1刷
2024年6月17日　第2刷

定価はカバーに表示してあります。

著　者　加門七海《かもんななみ》

発行者　樋口尚也

発行所　株式会社 集英社
東京都千代田区一ツ橋2-5-10　〒101-8050
電話　【編集部】03-3230-6095
【読者係】03-3230-6080
【販売部】03-3230-6393(書店専用)

印　刷　大日本印刷株式会社

製　本　大日本印刷株式会社

フォーマットデザイン　アリヤマデザインストア　　マークデザイン　居山浩二

ISBN978-4-08-745665-3 C0195